Mimi Oka & Doug Fitch

Festins orphiques

Expérimentations culinaires
ou l'autobiographie d'une collaboration artistique

Orphic Fodder

*Experiments in Dining
or The Autobiography of an Artistic Collaboration*

avec la participation d'Isabelle Larignon

food & design

Sommaire

Nous aimons manger toutes sortes de choses.

Nous aimons faire des choses.

Nous aimons nous amuser.

Nous aimons beaucoup, beaucoup nous amuser.

Nous aimons faire toutes sortes de choses amusantes.

Nous aimons jouer.

Nous aimons jouer avec des choses amusantes.

Nous nous amusons quand nous jouons.

Nous aimons les choses belles.

Nous aimons nous amuser et jouer avec de belles choses.

Nous aimons faire de belles choses.

C'est parfois difficile.

Nous aimons manger des choses qui ont bon goût.

Nous aimons faire des choses qui ont bon goût.

Nous aimons faire des choses belles que personne n'a encore
jamais vues ou mangées.

C'est parfois difficile. C'est parfois très difficile.

Nous aimons réaliser des choses difficiles.

Nous aimons réaliser des choses très, très difficiles.

Certains diraient que nous aimons réaliser l'impossible.

Nous aimons les gens.

Nous aimons que les gens nous aident à réaliser l'impossible.

Nous pensons que c'est amusant.

Nous voulons rendre plein de gens heureux.

Nous pensons que les gens sont heureux quand ils s'amusent.

Nous aimons rendre les gens heureux.

Juin 1999

NB : *la mémoire des deux protagonistes faisant parfois défaut, des détails pourront différer d'une narration à l'autre.*

We like to eat things.

We like to make things.

We like to have fun.

We like to have lots and lots of fun.

We like to play.

We like to play with fun things.

We have fun when we play.

We like beautiful things.

We like to have fun and to play with beautiful things.

We like to make beautiful things.

Sometimes that is hard.

We like to eat things that taste good.

We like to make things that taste good.

*We like to make things that are beautiful and that nobody
has ever seen or eaten before.*

Sometimes that is hard. Sometimes that is very hard.

We like to do difficult things.

We like to do very, very difficult things.

*Some people would say we like to do impossible
things.*

*We like to get everybody to help us to do impossible
things.*

We think that is fun.

We want to make lots of people happy.

*We believe that people are happy when they are
having fun.*

June 1999

The memories of the two protagonists leaving something to be desired, the details differ from one narrative to the other.

Sérendipité

Serendipity

C'est seulement grâce à des facteurs chance que l'on a appris à se connaître,
su que nous étions tous deux allés dans une école de cuisine, réalisé que nous avions tous les deux
un intérêt pour l'absurde, une tendance à pousser les frontières vers des voies identiques.

*Only through these chance encounters did we get to know each other, learn that we had both gone
to cooking school, and shared an interest in the absurd, in pushing boundaries.*

Heureux hasards

DOUG / Je ne sais pourquoi on n'a pas essayé de se connaître dès notre première rencontre. On ne l'a pas fait, et ça ne fait rien. On est entrés en collision plus tard quand le destin étrange semblait avoir décidé que c'était "bon".

MIMI / Doug et moi fîmes connaissance en 1979 à l'université de Harvard, mais de loin. C'était dans le cadre de la troupe *Hasty Pudding Theatricals*[1], ma principale activité hors cursus scolaire. *Hasty Pudding Theatricals* est la plus ancienne troupe de comédie musicale masculine au monde. L'ambiance paillarde qui y régnait mêlait de jeunes mâles explorant leur identité sexuelle – beaucoup d'entre eux sont devenus homosexuels – à de jeunes garçons très BCBG, dont la plupart ont terminé dans les affaires.

La première année, en 1979, je fis les accessoires pour la pièce intitulée *Ouvertures en Asie Mineure*. Je me souviens avoir fabriqué des torches fémurs avec des balles de tennis et des tubes de papier toilette ; je sculptai aussi des stalagmites en forme de phallus dans de la mousse que je peignis en trompe l'œil de faux rochers. Je remplis également d'énormes coussins pour une scène de harem turc. Je crois que l'on sombra dans ces oreillers lors d'une nuit sans sommeil pendant les répétitions. En y repensant, tout cela sonne comme la préparation d'un événement orphique.

L'un des acteurs s'appelait Doug Fitch. C'était un excellent danseur de claquettes ; il cassait la baraque avec ses claquettes, son chant et le nombre illimité de ses grimaces. Je n'ai que peu de souvenirs de lui à cette époque. Durant la pièce, mon rôle consistait à courir en coulisses et à m'assurer que le bon accessoire était au bon endroit au bon moment. Je devais également aider Doug à se changer illico presto. Je me souviens de lui se tortillant pour quitter ses jupons et sa jupe à crinoline afin de revêtir un uniforme de soldat.

D/ Notre première rencontre fut un moment d'étrange alchimie : ma rapide métamorphose de vieille dame victorienne avec chaussures à claquettes en sosie de Fidel Castro facilitée en coulisses par une certaine jeune femme japonaise à l'accent anglais, nommée Mimi Oka. La principale chose dont je me souviene à propos de ces quelques secondes en coulisses, c'étaient la gaieté dans ses yeux et le plaisir que je ressentais à me transformer.

M/ Lors de ma dernière année de fac, je coproduisis le spectacle. Mon coproducteur et moi étions désespérés de découvrir que Doug Fitch, qui avait été la vedette les deux années précédentes, avait pris une année sabbatique. Malgré son absence, la pièce fut un succès (tous les producteurs de *Hasty Pudding* pensent que l'année de leur show est la meilleure).

Douze ans plus tard, je faisais la queue dans mon coffee-shop préféré à Los Angeles, attendant de passer la commande de mon dernier déca au lait avant de partir d'un moment à l'autre en exil à Tokyo. Je regardai les pâtisseries proposées pour le petit déjeuner, réfléchissant à celles

Mimi et Doug dansant dans la farine
au Palais de l'Industrie à Prague lors de la Quadriennale
Mimi et Doug dancing in the flour
at the Industrial Palace durinq the Prague Quadrennial

que je pourrais manger et à celles que j'allai emporter comme en-cas dans l'avion. Quand je me retournai, Doug Fitch était là, entouré d'autres visages familiers de Harvard.

Je lui demandai :
"Alors qu'as-tu fait durant cette année sabbatique ?
— Je suis allé dans une école de cuisine à Paris, et j'ai étudié l'architecture à Strasbourg.
— Moi aussi, je suis allée dans une école de cuisine à Paris… Laquelle as-tu faite ?
— La Varenne.
— Tu plaisantes… j'ai fait la Varenne aussi !"

Good Taste in Art à Tokyo

D/ Après deux années passées à faire l'acteur au *Hasty Pudding* et à fabriquer des chaises en carton et des radeaux, je décidai que ce serait une bonne idée de prendre une année sabbatique avant d'en finir avec Harvard, d'en avoir fait le tour sans en avoir rien appris. Je voulais étudier la peinture, mais parce que la lettre C est avant la lettre P au centre d'information et de documentation du campus, je restai scotché – heureux hasard – devant les étagères des écoles de cuisine, me remémorant la fabrication du pain transmise par ma grand-mère, l'imagination en ébullition.

Je projetai éventuellement d'aller en école d'architecture et, d'une certaine manière, j'avais l'intuition qu'apprendre à cuisiner serait une bonne façon de m'y préparer. Lorsque mon père me demanda pourquoi je voulais apprendre la cuisine plutôt que l'architecture ou la peinture, je me rappelle avoir été surpris. Il me semblait que c'était plus ou moins la même chose : il fut une époque, il n'y a pas si longtemps, où les gens construisaient leur propre maison et faisaient pousser leur propre nourriture. Bien sûr, les choses ont évolué mais Mimi et moi avons toujours été attirés par les passerelles entre les choses ; les fissures entre les genres donnent à voir plus que ce que l'on sait.

Les fissures, c'est là où la lumière s'introduit. Elles suggèrent une expansion naturelle, tel l'œuf qui se fend lorsque la vie s'apprête à éclore.

M/ Un an plus tard, ma mère et moi descendions une petite rue de Tokyo pour voir au cinéma le film *Orlando*. J'aperçus un homme de type caucasien marcher rapidement vers nous. On aurait dit Doug Fitch. Mais ça ne pouvait pas être lui. Puis je me suis dit que, si quelqu'un que je connaissais se pressait ainsi dans une rue de Tokyo, ce ne pouvait être que Doug Fitch. Alors je l'ai apostrophé : "Es-tu Doug Fitch ?"

C'était bien Doug Fitch au Japon, participant à une bourse de recherche. On rit parce que, après notre rencontre à Los Angeles, je lui avais envoyé l'adresse où il pouvait me contacter à Tokyo mais il n'avait jamais cherché à me retrouver. Il prétendit n'avoir jamais reçu mon mot qu'il retrouva des années plus tard. Il me dit qu'à l'époque il ne voulait pas recontacter les gens qu'il avait connus…

Ce que cette adresse égarée signifie pour moi, c'est qu'aucun de nous ne chercha jamais l'autre. Toutefois, tomber l'un sur l'autre des années après la fac sur deux continents différents semblait significatif. C'est seulement grâce à des facteurs chance que l'on a appris à se connaître, su que nous étions tous deux allés dans une école de cuisine, réalisé que nous avions tous les deux un intérêt pour l'absurde, une tendance à pousser les frontières vers des voies identiques.

Puisque nous étions ensemble à Tokyo, nous décidâmes de collaborer sur un projet, de trouver un moyen d'exploiter l'énergie créative qui nous animait.

Happy Accidents

DOUG/ I have no idea why we didn't bother to get to know one another when we first met. But we didn't – and it doesn't matter. We bumped into each other later when weird fate seems to have deemed it "right".

MIMI/ Doug and I knew each other in college in 1979, but not very well. At Harvard, my primary extracurricular activity was the *Hasty Pudding Theatricals*, the longest-running all-male musical theater group in the world (for whatever that distinction is worth). The *Pudding* was a bawdy atmosphere of young men exploring their sexual identities (a lot of whom discovered they were gay), and entitled preppy boys, most of whom went into business.

My first year I made the props for the show, which was called *Overtures in Asia Minor*. I remember making a set of flashlight femurs out of tennis balls and paper-towel tubes; carving a phallic-looking stalagmite out of foam, and painting it to look like a rock; and stuffing enormous pillows for a Turkish harem scene. I think we also crashed on those pillows on a sleepless night when we were putting in the show. (All of which, in retrospect, sounds like the preparation for an Orphic Event).

One of the actors in *Overtures* was called Doug Fitch. He was an excellent tap dancer who brought the house down with his dancing, his singing, and his infinite range of funny facial expressions. Other than that, I have very little memory of him back then. During the show, my job was to run around backstage making sure that the right things were in the right place at the right time. I know I did have to help Doug with a quick change stage right when he squirmed out of his hoop-skirt and petticoats and into a soldier's uniform.

D/ Our first meeting was a moment of strange alchemy – my rapid transfiguration from a 60-year-old Victorian lady with tap shoes into a Fidel Castro impersonator – facilitated backstage by a certain young Japanese woman with a mixed-up British accent named Mimi Oka. The main thing I remember about those microseconds backstage at the *Hasty Pudding* was the glee in her eyes and the delight I felt in being transformed.

M/ My senior year in college I co-produced the show. My co-producer and I were distraught to discover that Doug Fitch, who had been the star of the show in the two previous years, was taking the year off, but the show turned out to be a great success despite his absence. (All *Hasty Pudding* producers think that their year's show was the best).

Twelve years later, I was standing in line at my favorite coffee shop in L.A., waiting to order my last decaf latte before heading off to what felt like impending exile in Tokyo. When I turned around, there was Doug Fitch, along with several other familiar looking Harvard faces.

— So what did you do in that year off from college? I asked.
— I went to cooking school in Paris and I studied architecture in Strasbourg.
— I went to cooking school in Paris too... Which one did you go to?
— La Varenne.
— You're kidding... I went to La Varenne too!

D/ After doing a couple of *Hasty Pudding* shows and other things at Harvard like making cardboard chairs and designing rafts, I decided it would be a good idea to take a year off before I got through college without having learned anything useful. I wanted to go to painting school, but because the letter C came before the letter P in the library of off-campus learning, I got stuck – serendipitously – in the shelves of the cooking schools, reminding me of the bread-baking I'd learned from my grandmother, which had stirred my imagination as a child.

I was planning to go to architecture school eventually, and somehow I intuited that learning to cook was a good way to prepare for designing proper homes. When my father asked me why I wanted to study cooking as opposed to architecture or painting, I remember being surprised. To me they were all basically the same thing. After all, once upon a time, not so long ago, people built their own homes, grew their own food and did what they could to bring beauty into their lives with hands, hearts and minds. Of course, expertise evolved and specialists took on different focuses, but both Mimi and I have always been drawn to the connective tissue between things.

The cracks between categories are where the light gets in. Cracks suggest natural expansion, the way eggs start to crack when a new life is about to hatch.

M/ One year later, my mother and I were walking down a little back alleyway in Tokyo, on our way to see the movie *Orlando*. I saw a Caucasian fellow walking quickly towards us. He looked like Doug Fitch. But it couldn't be Doug. Then I thought if anyone I knew would be hurrying down a street in Tokyo it would be Doug Fitch. And so I asked: "Are you Doug Fitch?"

It *was* Doug Fitch, in Japan on a fellowship. We laughed because after our meeting in L.A., I had sent him the address where he could contact me in Tokyo, but he had never looked me up. He claimed he had never received my card, but he did find it several years later. He says that at the time he didn't want to get in touch with people he knew. But what that misplaced card means to me is that neither of us had ever actively sought the other out. We did the opposite, really. We didn't choose this.

Somehow bumping into each other years after college and on two different continents seems important. Only through these chance encounters did we get to know each other, learn that we had both gone to cooking school, and shared an interest in the absurd, in pushing boundaries.

Since we were both in Tokyo, we decided to collaborate on a project.

Orphique ?
Vous avez dit orphique ?

Orphic? Did you say Orphic?

On ouvrit un livre d'art, cherchant les futuristes, on trouva un mouvement appelé orphisme, un terme utilisé par Guillaume Apollinaire pour définir les premiers peintres s'éloignant des "sujets reconnaissables". Cela semblait résumer ce que nous essayions de faire.

We opened an art book, looked up the Futurists, and found a movement of the same period called Orphism, a term Guillaume Apollinaire had coined to describe the abstract painters who were moving away from "recognizable subject-matter". The idea seemed to encapsulate what we wanted to do.

Le pourquoi du comment

MIMI / Celui qui nous rassembla tout d'abord
fut Filippo Tommaso Marinetti. Nous
avions été frappés dans sa *Cuisine futuriste*
par sa liberté sans limite, son engagement
passionné pour tous les sens, ses exigen-
ces, son humour, ainsi que son mépris des
conventions et des promesses d'un dîner,
sans jamais perdre de vue le pouvoir de la
nourriture pour communiquer, d'un repas
pour "arrêter un suicide".

Ces idées nous semblaient très perti-
nentes. On ouvrit un livre d'art, cherchant
les futuristes, on trouva un mouvement
appelé orphisme, un terme utilisé par
Guillaume Apollinaire pour définir les
premiers peintres s'éloignant des "sujets
reconnaissables", ainsi que ceux qui s'ins-
piraient des formes et des couleurs pour
faire passer sens et émotion. Nous aimions
l'idée d'une peinture "pure" et la référence
au mythe d'Orphée, sa pureté d'expression
en musique. Cela semblait résumer ce que

nous essayions de faire. Nous aimions aussi
l'idée que l'orphisme ait existé à la même
époque que les futuristes. Avec le temps, le
mot orphique a acquis sa propre signification, ayant quelque chose à voir avec l'esprit qui anime tous nos événements. On
va dire, "ce n'est pas orphique !" ou "oh,
c'est super orphique !"

DOUG / On peut dire aujourd'hui que toutes
nos expériences sont le fruit de notre
rencontre avec Marinetti. Quand Mimi
et moi avons lu *La Cuisine futuriste,*
nous fûmes profondément interpellés
par la façon dont son apparente absurdité semblait coïncider de manière forte
et émouvante avec l'époque qui l'avait
engendrée. C'était un manifeste passionné contre l'absurdité de la guerre et
la destruction dénuée de sens. Il suggé-
rait la possibilité d'un univers parallèle,
une autre façon de vivre l'expérience
de l'intérieur et d'expérimenter la vie
qu'on est en train de vivre.

Notre travail consiste à sortir de son
contexte l'expérience que nous faisons
de la nourriture – processus culinaire,
acte dînatoire, expérience gustative – de
manière que la nourriture à laquelle nous
songeons en tant que telle ne soit pas la
seule chose que nous considérons comme
de la nourriture. En envisageant tout
comme de la nourriture et la nourriture
comme toutes choses, il est plus facile de
comprendre comment nous sommes le
produit de toutes nos expériences.

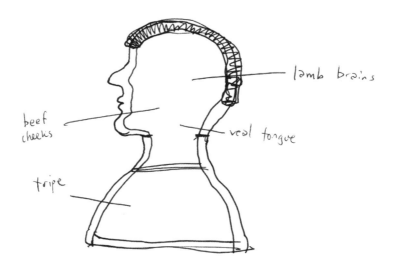

beef
cheeks

lamb brains

veal tongue

tripe

À l'intérieur de la tête et buste de F.T. Marinetti
The contents of F.T. Marinetti's head and his bust

A Night of Sitting
and Eating Color [2]

M/ *A Night of Sitting and Eating Color* fut notre première collaboration, notre entrée dans le futurisme. Nous voulions faire un sorbet au melon dont la forme était moulée d'après l'empreinte du pied de mon fils de dix-huit mois. On fit également des raviolis de la Lune avec de la pâte colorée, fourrée d'un mélange rose fluorescent d'où sortait

Carton d'invitation / *Invitation*

de la ciboulette. C'était une figure surréaliste. Puis une purée grisâtre de pommes de terre avec des choux-fleurs teints en rose et des nuages colorés en popcorn que l'on suspendit au plafond. Nous essayions de créer des choses qui auraient bon goût mais qui ne ressembleraient en rien à tout ce que l'on mangeait normalement.

D/ La nourriture a son lexique d'imagerie visuelle. Un bagel ressemble à un bagel, un croissant à un croissant. Et si on fait un bagel qui ressemble à un croissant, on renverse l'iconographie. L'art a également son iconographie, mais comme dit Chuck Close : "Si ça ressemble à de l'art, ça ressemble à l'art de quelqu'un d'autre". Le processus de fabrication d'art existe pour parvenir à une nouvelle iconographie.

Pendant un temps, nous fûmes fascinés par la notion suivante : séparer l'image de la nourriture de son goût. On s'attaqua à toutes sortes de matières et d'arômes alimentaires – rosbif rôti réduit en fine poudre, huile essentielle de romarin, poussière faite à partir d'oignons caramélisés – et on créa de petites formes à partir de matériaux riches en fécule comme le manioc ou le gruau de maïs, que l'on imprégna de ces arômes. On y ajouta des colorants artificiels afin de perturber l'esprit dans ces schémas d'idées préconçues, comme le goût supposé d'un aliment. Ainsi, un cube bleu avait le

Séparation des sens visuel et gustatif d'un aliment
Separating the image of food from its flavor

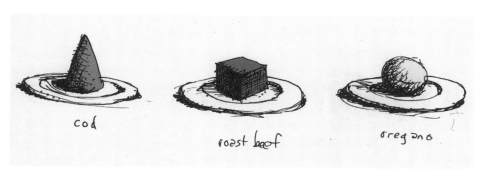

cod

roast beef

oregano

Sorbet de melon en forme
de pied d'enfant et spartiate de prosciutto
Bacchanalian child's foot in prosciutto shoe

Pudding de pain
Bread pudding

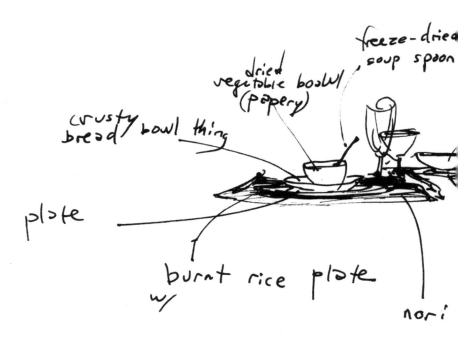

goût du rosbif, une petite boule ronde celui de l'asperge et un cône jaune celui de tomate cœur de bœuf. Les formes et les couleurs inhabituelles des aliments rendaient plus difficile la reconnaissance des saveurs.

Cela nous conduisit à imaginer un festin qui ne consisterait en rien, en terme de mets, sinon en la décoration de la table. Chacun s'assiérait à sa place, un serveur arriverait et verserait de l'eau chaude dans votre bol et de l'eau froide dans votre verre, et le repas commencerait. Le bol serait composé de soupe déshydratée et le verre serait en glace. Tous les couverts seraient également consommables : fourchette en chocolat, cuillère fondante, serviette en pâte de fruit… Au départ, il semblerait qu'il n'y a rien à servir ; en fait tous les objets utilisés habituellement pour l'acte de manger pourraient être consommés, y compris les sets de table.

Pour rendre les sets de table comestibles, on rencontra Reiko Sudo, l'une des designers actuelles les plus connues au Japon, spécialisée dans le textile. On lui demanda si cela l'intéresserait de nous aider à déve-lopper des tissus mangeables. Cette dimension comestible ne lui était jamais venue à l'esprit mais elle ne voyait pas pourquoi cela ne pourrait pas se faire. Elle prit alors contact avec un tisseur avant-gardiste du nom de Junko Suzuki qui transformait beaucoup de plantes fibreuses en de magnifiques tissus. Avec elle, on développa des sous-verres solubles tissés dans une fibre à base de café instantané en poudre puis enveloppés dans du papier de riz. L'idée était de jeter ce sous-verre dans une tasse d'eau chaude (pourquoi pas fabriquée avec du sucre durci). Suivant la manière dont vous aimez votre café, vous pouviez choisir le sous-verre d'après ses différents motifs. Les fibres de poudre de café marron foncé constitueraient la chaîne tandis que les fibres de lait ou de cannelle en poudre formeraient la trame. On commença alors à faire des recherches sur les fibres comestibles susceptibles d'être tissées à partir de poudre de lait ou de sucre pour ensuite les imprégner d'arômes différents. On aurait pu également faire de beaux tissus à motifs avec des carottes, des céleris, du consommé de bœuf et commander sa soupe au mètre.

ble-

exican sugar

instant
coffee
coaster

biscotti saucer

re mat.

Tissu soluble en poudre de café instantané et papier de riz
Soluble coaster of instant coffee in rice paper

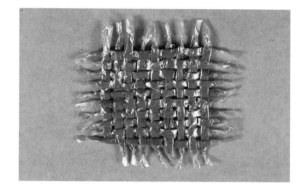

Toiles en fibres comestibles fabriquées à partir de courges et d'algue
Edible placemats from squash to seaweed

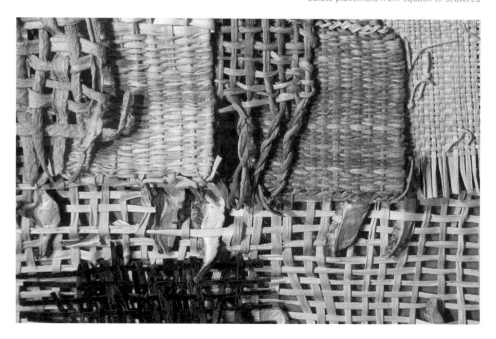

The Why of the... what?

MIMI/ We had both come across the *Futurist Cookbook* by F.T. Marinetti and had been struck by its expansive freedom, its passionate engagement of all the senses, its pretensions and humor, and complete disregard of dining convention and expectation. And yet the cookbook never lost sight of the power of food to communicate, of a dinner to "stop a suicide."

Those ideas felt very relevant. We opened an art book, looked up the Futurists, and found a movement of the same period called Orphism, a term Guillaume Apollinaire had coined to describe the abstract painters like Delauney and Picabia who were moving away from "recognizable subject-matter", or painters who were relying on "form and color to communicate meaning and emotion." The idea of "pure" painting, and the reference to Orpheus and his purity of expression in music, seemed to encapsulate what we wanted to do. Since then, Orphic has come to take on a meaning of its own: the spirit that imbues all the events that we do. We'll say, "That's not Orphic!" or "Oh, how very Orphic!"

DOUG/ All these experiments grew out of our encounter with Marinetti. When Mimi and I read the *Futurist Cookbook*, we were both deeply moved by how its apparent absurdity seemed to urgently and poignantly address its times. An impassioned manifesto against the absurdity of war and meaningless destruction, the cookbook suggested the possibility of a parallel universe – another way to live within experience and experience the life you were living.

Our work shifts the context in which food is experienced – the process of cooking, the act of dining, the experience of tasting – so that the food we think of as food is no longer the only thing we think of as food.

Seeing all things as food and food as all things makes it easier to see how we are the product of all that we experience.

A Night of Sitting and Eating Color

M/ *A Night of Sitting and Eating Color* was our first collaboration, our take on Futurism. We wanted to make a melon sorbet in the shape of a foot, so we started by making a mold of my 18-month-old son Kazuma's foot. We made raviolis from the moon: colored pasta with a bright pink filling and chives popping out in the middle. Then a grayish mashed potato mixture with cauliflower dyed pink. All the food had a surrealist look. We made colored popcorn clouds, which we suspended from the ceiling. We were trying to make things that would taste good but look utterly different from things that one normally ate.

D/ Food has its lexicon of visual imagery. A bagel looks like a bagel – croissants look like croissants. If you make a bagel that looks like a croissant, you subvert the iconography. Art has its iconography, too. But as Chuck Close put it: "If it looks like art, it looks like somebody else's art." The process of art-making exists to forge new iconography.

We became fascinated by the notion of separating the image of food from its flavor. We got our hands on a whole bunch of flavor essences – roast beef reduced to fine powder, essential oil of rosemary, a dust made of caramelized onion – and created little shapes from various starchy materials like cassava or grits, which we infused with these flavors. We added artificial coloring to further prevent your mind from forming preconceptions about what the thing was supposed to taste like. A blue cube tasted like roast beef, a little red sphere tasted like asparagus, and a yellow cone had the flavor of beefsteak tomato. The non-traditional shapes and colors made it difficult to recognize most of the flavors.

This led us to envision a feast that would consist of nothing but the table setting. You would sit down at your place. A waiter would come over, pour hot water into your bowl and cold water into your glass, and the meal would begin. The bowl would be made from dehydrated soup components and the glass would be made of ice. All of the accoutrements would be consumed as well: chocolate forks, dissolving spoons, fruit-leather napkins. Initially, it would seem like nothing was being served, but all the things normally used for the act of dining could be eaten, including the placemats.

The problem of how to make edible placemats brought us to Reiko Sudo, one of the foremost contemporary textile designers in Japan. We asked if she might be interested in helping us make edible fabrics. She had never thought of edibility as an attribute of textiles, but said she didn't know why it couldn't be. She contacted a very adventurous weaver named Junko Suzuki, who wove a number of fibrous plant materials into beautiful fabrics. With her, we developed a soluble coaster, woven from strands of instant coffee powder wrapped in ricepaper. You could toss your coaster into a cup of hot water (perhaps made of hardened sugar). Depending on how you liked your coffee, you could choose from coasters sporting different plaids. The dark-brown coffee-filled strands constituted the warp, while strands filled with white powdered milk or powdered cinnamon could be the weft. We began to research edible fibers that might be spun from milk (casein) or sugar and infused with any number of flavor essences. You could make a lovely plaid from carrots, celery, beef consommé and order soup-by-the-yard.

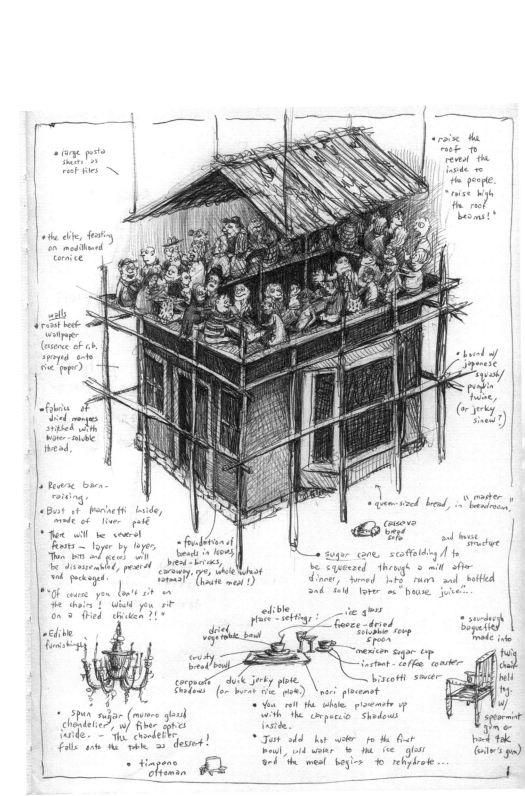

Maison comestible

Edible House

Nous avions réussi à amener les gens à considérer un gâteau comme un objet d'art, ainsi que la nourriture, et à leur faire abandonner leurs attentes.

We had been able to get people to see a cake as an art object, and also food and to force them to discard their expectations.

Oser l'hors-jeu

MIMI / La boutique de meuble design IDEE[3] ouvrait à Tokyo un nouveau magasin avec une galerie au dernier étage. Pour le vernissage, le propriétaire, Teruo Kurosaki, demanda à Doug de réaliser une série de sculptures et deux guéridons utilisant la technique "terrazzo"[4] que Doug avait développée aux Philippines.

À cette époque, j'écrivais pour le *Asahi Evening News*[5] des articles sur la gastronomie, la culture et tout ce qui me passait par la tête.

Doug et moi décidâmes de collaborer pour cette commande en fabriquant une sculpture comestible sur laquelle j'écrirais un article. On approchait de Noël et je me souvins d'une maison en pain d'épices que j'avais réalisée à New York. Je me dis alors que ce serait un modèle inspirant pour l'élaboration de cette sculpture.

Edible House fut notre première collaboration intense. Pour cette maison en pain d'épices, nous voulions non seulement que tous les éléments soient comestibles mais également délicieux. Cela signifiait notamment éviter le mélange sucre glace/blanc d'œuf, la colle "standard" utilisée dans les structures en pain d'épices car cela a un goût de carton. Il nous faudrait construire la maison à partir de différents gâteaux et pas seulement à base de pain d'épices. Je me plongeai dans des livres de cuisine, réfléchissant aux gâteaux que j'avais toujours voulu faire, et combinant des saveurs dont l'association pourrait être marrante. Les gâteaux devaient également pouvoir constituer une structure solide.

Doug fit une maquette en carton qui ressemblait à une structure postmoderniste de Frank Gehry, composée d'une tour de trois étages, d'un toit en encorbellement reposant sur un patio à colonnes et d'une extension au deuxième étage qui entourait l'arrière de la maison comme un bras enroulé autour de la taille.

On eut besoin de plusieurs moules spéciaux que Doug fabriqua : une arche légèrement courbée en carton sur laquelle je mis une épaisse couche de pain d'épices pour former l'extension du toit, un saladier ovale dans lequel je fis un bavarois tremblotant au citron pour la piscine…

Au final, on réalisa une maison en pain d'épices comme aucune autre maison de pain d'épices. Les fondations étaient en gâteau au chocolat, le sol de la terrasse en *shortbread*[6] à la vanille et au chocolat, l'extension arrière alternait des couches de gâteaux aux épices et au gingembre. Un épais gâteau à la soupe de tomate constituait les marches. On sculpta en arche un quatre-quarts au citron pour le haut. Pour le toit, qui devait être léger, je pensai à une meringue avec de minuscules particules de chocolat amer pour lui donner un aspect moucheté. La tour était en pain d'épices et les colonnes du patio en bâtonnets de pain aux raisins et chocolat. Fabriquer les gâteaux nous demanda soixante-douze heures… en travail non stop.

On se dépêchait de finir la maison avant le vernissage à dix-huit heures, sculptant le gâteau et assemblant les morceaux avec de la mousse au chocolat. Le pain d'épices

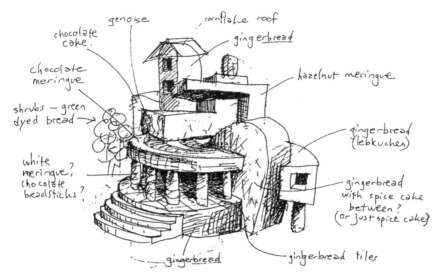

Croquis de la *Maison comestible*
Sketch for the Edible House

étant encore chaud, le glaçage allait être plus long à prendre. D'autres parties durcissant trop rapidement, j'utilisai un sèche-cheveux pour les ramollir. Nous étions encore en train de procéder à l'assemblage final dans la galerie quand les invités commencèrent à arriver.

Le vernissage fut comme tous les vernissages. Les gens se jaugeaient les uns les autres, tournaient autour des sculptures, les regardant de façon décousue, parfois. Les artistes étaient stressés. Il y avait un type venu de France qui avait fait de jolies lampes en forme de chrysalide, un autre d'Italie avait réalisé des vases en verre de Murano. Personne ne semblait toucher à notre maison qui reposait sur son piédestal blanc, une structure, de toute évidence, très artisanale.

Doug encouragea le public à venir y creuser avec les doigts. Dans ce milieu japonais très collet monté, c'était intéressant de voir comment les gens réagissaient. Ils riaient et avaient l'air un peu dubitatif. "Fous ces *gaijin* (étrangers)", pensaient-ils sans aucun doute. On avait beau leur dire que c'était

une sculpture comestible et qu'ils pouvaient la manger, mais non, personne n'osait. Ils se contentaient de tourner autour.

Je fis un tour dans la boutique, quatre boutiques en une : un café, un bar à cigares, un atelier et un corner à babioles. Quand je revins jeter un œil à la maison, quelques tuiles du patio en *shortbread* avaient disparu, une partie du toit avait été cassée et il y avait un trou dans la piscine-bavarois citron. Et puis la voiture verte avait disparu. Les gens commençaient à en rompre des morceaux, ils devenaient plus aventureux.

DOUG / La voiture était bleue.
M / Non, elle était verte.
— On n'aurait pas mis une voiture verte à côté des buissons verts et des arbres verts.
— Je suis sûre qu'elle était verte.
— Bon, même si tu as bonne mémoire pour ces trucs-là, je persiste à penser qu'elle était bleue.
— Il faut que je trouve les photos. Je sais qu'elles sont quelque part.

M/ J'entendis des gens dire que ce qu'ils avaient goûté était très bon. Finalement tout le monde se retrouva autour du gâteau, piochant dedans, se léchant les doigts et revenant pour en reprendre. L'équipe d'IDEE nous rejoignit et il y avait réunie là, à rire et à manger, toute une communauté. Nous n'avions fourni aucun couvert et, à la fin de la soirée, les gens étaient agglutinés autour de cette chose à la dévorer, s'en prenant à elle avec les mains et la mettant en pièces.

J'ai adoré voir comment les règles de bonne conduite en vigueur à la fois au Japon et dans le cadre d'un vernissage volèrent en éclats au fur et à mesure de la soirée. C'était vraiment riche de sens pour moi car je me sentais toujours très soumise dans le milieu japonais. Nous avions déjà vécu un certain nombre d'années au Japon et je venais tout juste d'avoir un enfant. Je me sentais alors comme si l'on ne m'avait pas donné les règles du jeu, isolée sans communauté en affinité d'esprit avec moi.

Aussi ces explosions de rire et de bouffe engendrèrent chez moi un sentiment libérateur.

Edible House fut l'un de nos événements les plus spontanés, contenant beaucoup de thèmes que l'on continua à explorer par la suite. Nous avions réussi à amener les gens à considérer un gâteau comme un objet d'art, ainsi que la nourriture – dans le contexte guindé d'un vernissage – et à leur faire abandonner leurs attentes. Les gens devaient renoncer à leurs idées préconçues, invités à manger dans un plat commun sans couverts, dans un pays où cette pratique est loin d'être habituelle.

Le manque d'ustensiles ne fut pas une décision consciente de notre part, plutôt un oubli, mais rétrospectivement cette absence enrichit l'expérience, et ce fut vrai pour tous les événements orphiques : d'heureux hasards transforment nos événements en quelque chose que nous n'avions ni prédit ni planifié.

Vernissage à New York : *Hootenanny orphique*
Art opening in New York: Orphic Hootenanny

Thinking Outside the Sandbox

MIMI/ IDEE, a furniture-design company, was opening a new store in Tokyo with a gallery on the top floor. The owner, Teruo Kurosaki, commissioned Doug to make a series of sculptures and a pair of side tables using a terrazzo technique that Doug had developed in the Philippines.

At the time, I was writing articles for the *Asahi Evening News*, an English-language newspaper in Tokyo, about food and culture – whatever struck my fancy.

Doug and I decided to collaborate on the commission by making an edible sculpture, which I would write up for the paper. It was getting close to Christmas, and I remembered a gingerbread house that I'd made in New York. That seemed appropriate for the occasion.

Edible House was our first intense collaborative experience. We discovered that we both felt we had to work within certain limits, which made the project more difficult than a simple gingerbread house. We wanted the whole thing to be not just edible, but delicious. This meant avoiding royal icing, the standard "glue" in gingerbread structures, which tastes like sweet cardboard. So we would have to make the house out of different kinds of cakes, rather than just gingerbread. I pored through my cookbooks, thinking of cakes I'd always wanted to make, tastes that might be fun in combination.

The cakes needed to taste good and be structurally sound. Doug made a scale model out of cardboard, cutting shapes and hot-gluing something that looked like an organic Frank Gehry post-modernist structure, with a three-story tower, a cantilevered roof floating over a columned patio, and a second-floor extension that wrapped around the back of the house like an arm around a waist.

The design required several special molds, which Doug produced: a slightly curved arch made out of cardboard, on which I put a slab of freshly baked gingerbread to make the extension roof; and a large egg-shaped basin, in which I made a quivering lemon bavaroise for the swimming pool.

We found ourselves making a gingerbread house unlike any gingerbread house before. The base was a dense chocolate cake. The patio floor was chocolate and vanilla shortbread; the wrap-around extension, alternating floors of spice cake and ginger cake. The stairs were tomato-soup cake, which was dense and easy to cut into blocks. We carved a lemon pound cake into an arch for the top. The cantilevered roof needed to be light, so I thought of a meringue with tiny flecks of bittersweet chocolate to give it a speckled texture. The tower was gingerbread (our only concession to royal icing), and the columns of the patio were chocolate and raisin-bread sticks.

The cakes took us about seventy-two hours to make, working pretty much non-stop. We were scrambling to finish the gingerbread house before the opening at 6 p.m., carving cake, slapping pieces together with chocolate mousse. The gingerbread was still warm, which meant that the icing took longer to harden. Other parts were hardening too quickly, so I was using a hair dryer to soften them. We did the final assembly in the gallery as the guests began to arrive.

The opening was as many art openings are. People checked each other out and stood around looking at the sculptures in a desultory fashion. The artists were anxious. There was a fellow from France, who made some pretty chrysalis-shaped oval lamps, and another fellow from Italy who made vases of Murano glass.

Nobody seemed to be touching our very obviously handmade structure, displayed on its white pedestal. Doug encouraged the guests to come over and dig in with their fingers, telling them that this was an edible sculpture, that they were welcome to eat it, but they just circled around it. Given the staid Japanese context, people laughed and looked a little dubious. "Crazy *gai-jin* (foreigners)," they were doubtless thinking.

Discouraged, I wandered around the store, a four-story building with a café, cigar bar, fabric department, and general knick-knack department. I would return periodically to check on our *Edible House*, and began to notice that some shortbread patio tiles had disappeared, that someone had snapped off part of the gingerbread roof, that the lemon bavaroise pool had a dent in it. Then the green car disappeared.

People started to break off bigger bits, getting more adventurous.

DOUG / The car was blue.
M/ No, it was green.
— We wouldn't have put a green car next to the green bushes and green trees.
— I'm sure it was green.
— Well, although you do have a great memory for these things, I still think it was blue.
— I need to find the snapshots. I know they're around here somewhere.

M/ I heard people exclaiming that the tastes they had had were very good. Eventually everyone gathered around, digging into the cake, licking their fingers and coming back for more. The IDEE staff came over to join them, and we had a community of people laughing and tasting together. We didn't provide any utensils, and by the end of the evening, people were clustered around devouring this thing, pulling the entire house apart.

I loved seeing the abandon with which the notion of appropriate behavior, both for Japan and at an art opening, broke down during the course of that evening. It was meaningful to me, personally, because we had been living in Japan for a number of years at that point and I had felt very constrained in the Japanese context, lonely and without a community of kindred spirits. The explosion of eating and laughter was very liberating for me.

Edible House was one of our most spontaneous events, and contained many of the themes we've continued to explore since. We had been able to get people to see a cake as an art object, and also food – in the context of a pretentious art opening – and to force them to discard their expectations. People had to drop all pretension – and an element of fear, too – to partake of something that everyone else was digging into as well, in a country where eating from a communal plate is not common practice. The lack of utensils wasn't a conscious decision on our part – more of an oversight – but in retrospect it added to the experience, and that has been true of Orphic events ever since – something serendipitous transforms the event into something even we could not have predicted or planned.

Nature morte comestible en argile

Edible Still Life in Clay

Rien n'était ce qu'il semblait être : on pouvait tomber sur un ananas cuit à l'intérieur d'une aubergine sculptée ou sur un gâteau au chocolat caché dans une botte d'asperges.

Nothing was as it appeared: you could find a pineapple inside a clay eggplant, or a chocolate cake inside a bunch of asparagus.

Vanité des apparences

DOUG / Dernièrement, je suis arrivé à la conclusion que notre corps fait partie de notre cerveau, autant que notre cerveau fait partie de notre corps : la plupart des choses que j'ai vraiment apprises, je les ai assimilées avec l'expérience grâce à une participation active.

Je n'ai jamais été particulièrement doué pour apprendre de façon scolaire. J'ai toujours du mal à lire les instructions de mon nouveau téléphone ou à suivre une recette mais je saisis l'information grâce à mes sens…

Je suis intrigué par la façon dont une bonne photographie de tarte aux pommes donne à imaginer sa saveur et comment, en un coup d'œil, elle permet de sentir si le gâteau a été fait ou non avec du beurre. Il y a une synesthésie intrinsèque pour chaque chose que l'on rencontre dans le monde : la vue informant du goût et renforcée par l'odorat.

Dans les *Orphic Feasts*[7], Mimi et moi nous efforcions de bousculer les habitudes afin de sortir des vieux sentiers battus et pour d'une attente A obtenir une sensation B. Il n'y a rien de mal à présenter une image parfaite d'escalope cordon bleu, c'est juste qu'on préfère plutôt l'envelopper d'argile mouillée, sculptée en forme d'aubergine, la cuire et la servir avec un marteau.

J'aime quand les yeux se préparent à une certaine expérience et que, subitement, quelque chose vient la bouleverser. L'odeur de l'argile cuite et le poids du marteau dans la main plutôt qu'une fourchette encouragent les sens à être en alerte. On se sent alors comme un pionnier dans une forêt essayant quelque chose qui n'a jamais été tenté.

Esquisse pour une
vanité orphique
Sketch for
an Orphic vanitas

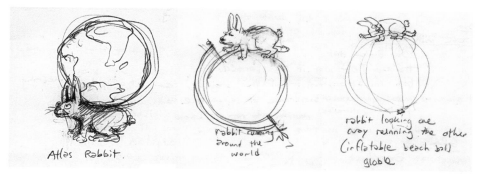

Atlas Rabbit.

rabbit running around the world

rabbit looking one way running the other (inflatable beach ball) globe

Edible Still Life in Clay

MIMI / J'ai toujours aimé les natures mortes hollandaises. Ces somptueux tableaux rayonnants sont comme une fenêtre sur l'art de la vie quotidienne des temps passés : boire et se nourrir, il y a des centaines d'années! Chacune est un ensemble de métaphores visuelles pour les cinq sens.

Nous avons été inspirés à la fois par le caractère bachique des tableaux de Brueghel – qui ne sont pas des natures mortes en soi – et par la dimension méditative et figée des vanités, rappels de la fugacité des biens et des richesses matériels et célébration de la transcendance du monde spirituel. *Edible Still Life in Clay* fut notre réinterprétation orphique de ces natures mortes. Nos sculptures d'argile étaient éphémères : leur vie brisée s'arrêtait au coup de marteau des convives.

On sculpta des natures mortes en argile. Chacune contenait des mets cuisinés. Le public était invité à venir, muni d'un marteau, en smoking et chaussures confortables. Une fois autour de la table, les convives devaient briser les sculptures en argile pour y découvrir et manger les plats cuits à l'intérieur.

Rien n'était ce qu'il semblait être : on pouvait tomber sur un ananas cuit à l'intérieur d'une aubergine sculptée ou sur un gâteau au chocolat caché dans une botte d'asperges. Les couverts étaient renfermés dans des sculptures représentant des images de la fertilité. Les *oshibori*[8], enveloppés dans des feuilles de lotus, étaient quant à eux emprisonnés dans des sculptures en forme de dinde.

En entrant dans la pièce et en marchant au milieu des figurines prises dans l'argile, mon ancien professeur de cuisine, venu pour l'événement, dit avoir eu une sensation de vie figée comme dans une vraie nature morte. Puis, ajouta-t-il, avec les coups de marteau, la vie jaillissait et semblait se répandre au milieu des rires et des bruits de la soirée.

Les vanités qui nous avaient inspirés sont une parabole de la mort, et notre réinterprétation avait été perçue par mon ami comme une métaphore de la mort se transformant en vie.

Sustenance for the Numinous

DOUG/ Recently, I have come to recognize that our bodies are a part of our brains as much as our brains are a part of our bodies: most of the things I ever really learned, I absorbed experientially by active participation.

I was never particularly good at the academic way of gathering information, and I still have a really hard time reading instructions for my new cellphone or following recipes. But I know I take in information through all my senses...

I am intrigued by the way a good photograph of an apple pie makes you imagine the flavor of it, and why you can immediately sense whether or not a cookie was made with butter at a glance. There is an inherent synaesthesia to everything we encounter in the world – sight informing taste and enhanced (or questioned) by smell.

In Orphic Feasts, Mimi and I strive to destabilize the accepted ways of taking in an experience, so you can't rely on the old roadmaps – from expectation A to sensation B. Nothing's wrong with presenting a picture-perfect Chicken Cordon Bleu – it's just that we would rather wrap it up in wet clay sculpted to look like an eggplant, bake it and serve it with a hammer.

I like to have your eyes prepare you for one type of experience but then have something shift. The odor of baked clay, and the weight of a hammer in your hand rather than a fork encourage your senses to be alert to the moment. You are once again a pioneer in the forest trying something you've never tried before.

MIMI/ I have always loved Dutch still lives, both as the sumptuous, glowing paintings they are and as a window onto the art of daily life in the past: eating and drinking and feeding hundreds of years ago. Each one is a collection of visual metaphors representing all five senses.

Edible Still Life in Clay was our Orphic version of these still lives. Our material objects were indeed fleeting, lasting only until the guests raised their hammers. We were inspired by both the Bacchanalian sense of Brueghel's paintings, which aren't still lives per se; and the still, quiet, reflective vanitas paintings, reminders of the fleeting nature of material objects or material riches – and therefore a celebration of the transcendent world of spirit.

We sculpted still lives in clay, but each clay sculpture contained actual food. Guests brought hammers, wore black-tie and comfortable shoes, and had to smash the clay sculptures to get to the food we had cooked inside them.

Nothing was as it appeared: you could find a pineapple inside a clay eggplant, or a chocolate cake inside a bunch of asparagus. We sculpted fertility figures for the table, and we brought out big clay turkeys filled with lotus leaves containing *oshibori*, the wet Japanese towels you use to wipe your hands before you eat.

My former cooking-school teacher, who came to the event, described the sensation of walking into the room and seeing the figurines as a sensation of life stilled, of a real still life. But then, he said, with the smashing, life was released and seemed to pour out all around – the noise, the activity, the laughter. It was a lovely comment.

The vanitas paintings that had inspired us were parables about mortality, so I was intrigued that he saw our version of those paintings as a metaphor for death being transformed into life.

Baguette énorme en gala

Baguette Énorme en Gala

Le moment le plus beau, ce n'était pas quand le pain cuisait ou qu'on le mangeait, mais quand tout le village s'est uni pour soulever la baguette et défiler.

The most beautiful moment wasn't in the baking, or even in the eating, but when the village came together to lift up that baguette and start the parade.

Création
d'une communauté

MIMI / *Il était une fois, une longue journée… Démarrage autour de la table du petit déjeuner, des visages endormis qui se réveillent doucement devant des tasses de café corsé et fort moulu par Doug qui se plaint de ne pas trouver de* French Roast *en France. Beaucoup de monde que je ne connais pas qui dort chez moi, dans le couvent de l'autre côté de la place, dans les remparts médiévaux du village, chez Nicki[9]… Beaucoup avec qui on finit par former une bande en sautant dans les eaux froides, très froides de la rivière des hauteurs du monastère, se demandant si ce saut ne*

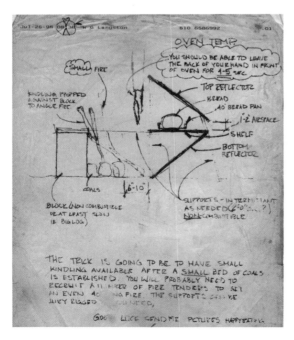

serait pas le dernier… en mangeant du confit, entassés autour de la table à regarder Chris[10] créer des chants diaphoniques et faire des grimaces en étirant sa bouche avec un fil invisible… Un curieux assortiment de personnes n'ayant rien en commun, si ce n'est le désir de venir dans ce village paumé et d'y faire un pain de quinze mètres de long, sans savoir ni comment ni pourquoi…

La *Baguette énorme en gala* était un pain gigantesque que l'on prépara avec l'aide du village de Sorde-l'Abbaye, dans le sud-ouest de la France. Neuf ans plus tôt, Jun[11] et moi y avions acheté une maison. Avec le temps, nous nous étions peu à peu intégrés à sa vie. À cette époque, notre fils de trois ans traversait la rue pour aller chez Ginette, notre voisine veuve de soixante-treize ans ; il y buvait sa menthe à l'eau et goûtait à la daube qui mijotait sur la cuisinière.

Je voulais réaliser quelque chose où toute la communauté serait impliquée. J'étais touchée par ce que j'y voyais : les gens de Sorde étaient enracinés dans leur terre et attachés à leurs coutumes, tellement plus que toutes les communautés dans lesquelles j'avais grandi à New York et autres grandes villes. J'étais désolée de voir comment le village se démenait pour se maintenir dans les générations futures. Les jeunes voulaient partir et vivre en ville. Ils ne voulaient pas rester et travailler la terre, c'est une vie trop dure. De ce fait, le village n'était plus peuplé que d'anciens,

Page de gauche / *on left*
Croquis d'un four à réflexion
Sketch for a reflector oven

Noel Comess, la tête dans le pétrin
Noel Comess does a headstand in dough

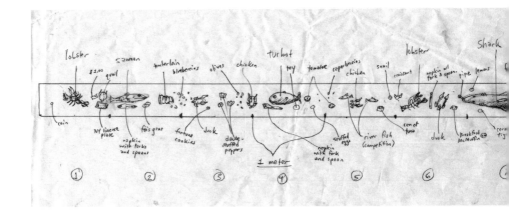

de vieilles filles et de vieux garçons. À mes yeux, Sorde symbolisait la difficulté universelle du monde ancien se confrontant au nouveau.

En dépit de tout cela, le village avait toujours ses fêtes annuelles, une tradition si ancienne que personne ne se souvenait de son origine. Le reste de l'année, Sorde est plutôt mort, mais il ressuscite trois jours durant, au mois d'août, en une frénésie alcoolisée. Même si on me dit que les fêtes ne sont plus ce qu'elles étaient, les jeunes dansent toute la nuit sur la place de l'abbaye, et les deux bars animés débordent jusque dans la rue.

Nous voulions faire quelque chose qui coïnciderait avec ces fêtes et avons eu l'idée de la baguette géante. Le pain, c'est la nourriture, la vie et, qui plus est, c'est très français, encore plus quand il s'agit d'une baguette. Je suis surprise lorsque je raconte cela aux Américains, leur réponse étant toujours la même : "Oh, c'est tellement français, une baguette." Alors que le village disait que la baguette était tellement américaine à cause de son gigantisme. Quelqu'un a même ajouté "cuire des serviettes dans le pain, c'est très américain". Je suppose que notre baguette était si inhabituelle que les gens, Américains ou Français, la classaient à part. Mais notre

baguette était américaine et française et rien d'autre. Il s'agissait simplement de regarder la tradition d'une façon différente ou peut-être de créer une nouvelle tradition.

Le maire et le comité des fêtes, très impliqués dans notre événement, nous autorisèrent à manger la baguette au milieu des ruines de l'abbaye. C'était une permission exceptionnelle et une première de pouvoir investir ce lieu datant du Xe siècle, une des grandes étapes du pèlerinage de Saint-Jacques-de-Compostelle.

C'est le grand jour… une journée magnifique… le ciel clair dont nous rêvions… une journée longuement préparée à courir après les plaques d'acier achetées sur les chantiers navals de Bayonne, à remorquer cette lourde charge sur les chemins sinueux de campagne, à se faire livrer deux stères de bois alors que ce n'est pas la saison, à faire cuire au barbecue un requin d'un mètre quatre-vingts de long, à composer une chansonnette pour jouer la sérénade à la baguette, à demander de l'aide aux mains sèches et rugueuses de Ginette pour préparer une daube pour cinquante… à pétrir trois cent cinquante kilos de farine, d'eau et de sel… à faire des réunions techniques entre cameraman et photographes ; les autres flottant dans le flou le plus total sans savoir par où commencer…

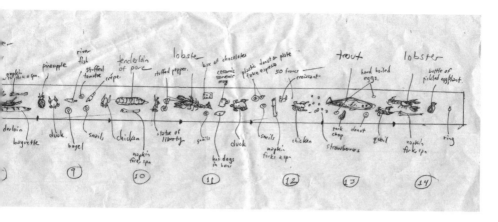

Croquis pour un bon agencement des garnitures
Plan for the Baguette Énorme en Gala

Pour nous, une *Orphic Feast,* en tant qu'œuvre, correspond à un ensemble de processus qui va du moment où l'on commence à imaginer toutes les hypothèses jusqu'aux conséquences. Dans toutes nos *Orphic Feasts,* une communauté s'unit tout d'abord autour du projet, entre copains de longue date, copains de copains et personnes débarquant de nulle part devenant, à leur tour, copains. Pour nous aider à pétrir trois cent cinquante kilos de pâte, on impliqua Ernest Cazaux, le boulanger de Sorde, et Noel Comess[12], un ami boulanger à New York. L'année de la baguette, Sorde comptait trois bars et une boulangerie, malheureusement fermée depuis. Barry Wine[13], autre ami restaurateur, vint également pour préparer et précuire un requin, dix poulets entiers, un turbot, un saumon, une truite, le butin entier du concours de pêche du village et une multitude de magrets et de saucisses.

On farcit la baguette avec nos propres offrandes et celles des habitants de Sorde. Ananas entiers, filets de porc, mûres, framboises, chocolat, greuil[14], confiture de cerise, poivrons rouges farcis de la fameuse daube de Ginette… tout cela et bien d'autres mets encore furent enfouis dans la pâte avec couverts, plats empruntés à la mairie, serviettes, gadgets gagnés au tir à la carabine, souvenirs du coin, billets de dollars et de francs, clef de voiture, plaque d'immatriculation de New York, bonbonnière en cristal, cornichons d'un jardin de Cambridge, bateau à rames d'antan miniature évoquant la pêche au saumon braconnée sur le gave d'Oloron, T-shirt, ministatue de la Liberté…

Il fait chaud, très chaud… Les jeunes du village ont bu toute la nuit. À midi, ils ronflent encore sous des tentes dans leurs habits blancs tachés de bière… On a besoin d'eux… le four… douze plaques d'acier posées sur des parpaings… Barry prévoit des problèmes techniques, contredits par Doug et incompris par moi… la pâte arrive dans deux bacs en plastique… Noel nous presse et nous stresse… la pâte ne peut attendre… on la balance en amas sur les plaques graissées… Elle s'étire, se rétracte, se détend, dégouline… poulets rôtis, homard, où et comment placer les ingrédients… le chocolat va bien avec les baies, le fromage près du canard… doit-on tout organiser par goût, par couleur, par famille… le requin trône en plein milieu, il fume la pipe, la gueule maintenue ouverte par un citron… les jeunes prennent leur temps, leurs yeux louchant au soleil de midi, ils parlent français, nous parlons anglais… nous devons soulever à l'unisson le monstre qui fermente, la pâte suinte, les plaques de métal ondulent… c'est trop gros, trop long, trop lourd… nous ne sommes pas assez nombreux… ils sont saouls… on est trop… nous n'avons pas ce

qu'il faut… on essaie à nouveau, le boulanger s'en va, dépité, on essaie encore… comment penser calmement, comment échafauder un plan… allez, encore une fois… un, deux, trois… on soulève à nouveau… les enfants font tomber les tréteaux… on enjambe les planches… on remet le pain sur le sol… un, deux, trois… on soulève encore… on l'approche du feu… un, deux, trois… le monstre est sur le feu… le feu est chaud, si chaud que ça roussit les poils de nos jambes… c'était dangereux, pourquoi a-t-on fait ça… qu'est-ce qui se serait passé si… n'y pensons plus… Alléluia!

Entracte… le pain cuit… un jeune taureau court dans une arène de bottes de foin… les ados du village jouent une corrida improvisée… l'arène est inondée… le pain cuit… Michel Benquet[15] alimente le feu… c'est l'heure de l'apéro… Je cours de maison en maison pour emprunter des manches à balais, des balais brosses, des bâtons de toutes sortes, des gants de travail, des gants de jardinage… il nous faut plus de monde… ils ne veulent pas quitter les bistrots… le pain est en train de cuire… il est cuit… il brûle… il est affreux, plein de bosses, il sent bon… on va le décorer… avec les restes… des tomates et des poivrons rouges posés telles des bougies d'anniversaire… où sont les gens? Où est Doug? Sentiment de désespoir… Je ne peux pas le porter seule… seconde tournée du village… les gens sourient, mais "Non"… gros rires… un tuba klaxonne… des silhouettes blanches

derrière les portes vitrées de Mme Benquet... l'orchestre lui joue la sérénade... elle remplit des verres de pastis, notre reine basque octogénaire, amatrice de corrida et fournisseur d'œufs extrafrais... Doug, kidnappé, est parmi eux, "Viens! Fais-les sortir d'ici"... le défilé... dans le champ vide, notre joueur basque de txanbela[16] et l'accordéoniste en veste à brocart jouent en tête du monstre attifé... l'orchestre se rassemble petit à petit, des musiciens tapent sur des faitouts, des entonnoirs en plastique, des cymbales, des sabots... "La Baguette, Gentille baguette, La Baguette je te mangerai... je te mangerai la tête, je te mangerai la tête, et la tête, et la tête, et la tête... Ah ah ah ah, La Baguette, Gentille Baguette..."[17]

Les jeunes portent des toques de chef et de pizzaiolo pour l'occasion... tout le village est là... des visages familiers... Pierre, grand flandrin aux yeux de biche, charmant, menuisier... Jeannot, dogmatique producteur de kiwis... Louise, en cuir noir, culturiste, coiffeuse... Jean, bedonnant comme un tonneau, routier... Michel Pommiers, fluet, gros fumeur, fils de Ginette... c'est le crépuscule, ça se rafraîchit... On se presse autour de la baguette... elle décolle... elle est lourde... on est très nombreux, mais la baguette est si lourde... l'aide de tout le monde est importante pour la porter, on se relaie... Jeannot craint pour son dos... Laurent prend sa place... la musique nous encourage... Doug mène le cortège... Il tient haut et fier un drapeau de Sienne avec girafe et rayures rouges et blanches... la baguette cale, redémarre... elle est trop longue pour passer les virages... on négocie trois créneaux... un prêtre en cloque arrive d'on ne sait où... un magnum de vin à la main, il prend la tête du défilé... les enfants courent partout... quel tableau... ce cortège pour un bien grotesque pain pris très au sérieux...

Nous arrivons sur la place de l'abbaye... Deux cents lampions brillent dans la lumière crépusculaire... tréteaux et planches sont recouverts sur seize mètres de long d'une nappe de toile à matelas cousue par Ginette... la baguette repose... des feux d'artifice explosent au-dessus du clocher de l'église... nous invitons à plonger les mains dans la pâte chaude... Barry y a caché sa clef de voiture, il promet sa voiture à qui la retrouvera... un gamin de cinq ans retire la croûte collée sur un billet de cent francs... jus de poulets et de saucisses ont été bus par la pâte... un ananas chaud avec du fromage de brebis et des baies... les mamies lèchent leurs doigts déformés, donnent à manger à leurs petits-enfants perplexes... "Oui, madame, c'est bon"... des visages que je n'avais jamais vus en neuf ans au village... qui vivent derrière leurs volets et leurs rideaux en dentelles, divertis par les jeux télé et les sitcoms américaines...

Pour ses fêtes, le village fut remarquable d'accepter le principe et le désordre d'une *Orphic Feast*, à supposer qu'un pain géant avec un requin à l'intérieur fût un plat de fête typique, comme la dinde à Noël.

Plusieurs villageois n'avaient pas assisté à leur propre fête depuis dix ans.

Une dame, dont la bienséance ne lui aurait normalement pas permis de manger sans couverts, mettait ses doigts dans le saumon, les léchant avec enthousiasme. Des voisins qui ne s'étaient pas adressé la parole depuis des années se retrouvaient en grande conversation. Des étrangers se faisaient goûter les uns les autres.

Toute l'âme de notre projet prit son entière mesure lorsque, plus tard, Michel Pommiers me dit : "Le moment le plus beau, ce n'était pas quand le pain cuisait ou qu'on le mangeait, mais quand tout le village s'est uni pour soulever la baguette et défiler." Natif de Sorde, il savait que nombre de convives de la baguette ne s'asseyaient jamais à la même table, n'apparaissaient pas habituellement aux manifestations du village. Ce soir-là, ils étaient venus et avaient participé.

Quand plus rien ne reste, excepté la croûte brûlée, un monsieur rougeaud et grisonnant tire sur mon T-shirt et murmure que son copain est trop timide pour demander... mais il aimerait bien les restes pour ses cochons... Oui! Fourrage orphique... allez-y, servez-vous... il viendra avec son camion demain... c'est l'aboutissement parfait : hommes qui mangent, cochons qui mangent, cochons mangés l'année prochaine... le matin, un tracteur bringuebalant arrive avec une remorque... nous suivons en voiture... l'équipe vidéo enregistre... Je retrouve Charlot, le timide fermier boucher, celui qui, durant l'hiver, tue et fait le cochon que nos voisins élèvent... le pain est lancé au-dessus de la clôture... les cochons reniflent et mangent avec enthousiasme absolument tout : la carapace du homard, les os de poulet, le pain avec le fromage et le chocolat... nous admirons leur désinvolture et leur concentration... ils pointent leur groin à travers la clôture, en réclamant plus... tout est parti... la femme de Charlot nous invite à revenir cet hiver... goûter la terrine de cochon.

Secte ou pas ?

Les rumeurs commencèrent dès le lende-main. Les enfants du gendarme avaient dû rechercher dans un dictionnaire la signifi-cation du mot "orphique" et en trouver les connotations bachiques et donc païennes. Ils cherchèrent également la signification du drapeau-girafe de Doug et trouvèrent que c'était le symbole d'une ancienne cor-poration ! C'était quelques années après

l'histoire du gourou fou et poilu dont les membres de la secte avaient perpétré un attentat au gaz dans le métro de Tokyo. Subitement, on nous prit pour une secte. Mon banquier de mari, barbu et japonais de surcroît, en était le gourou, j'en étais la gourette. Doug, un simple disciple.

On se demanda alors si la xénophobie n'était pas empreinte de racisme. Cette rumeur jeta un froid sur la fête et s'ampli-fia à l'automne.

Courant octobre, Michel Pommiers me dit qu'une réunion allait être organisée pour discuter du danger des sectes. Doug et moi décidâmes de dire clairement les choses. Nous écrivîmes une lettre pour remercier tout un chacun de sa partici-pation dans ce qui avait été une tentative artistique, mon cadeau à une communauté qui m'avait tellement donné pendant neuf ans. On remit la lettre au facteur qui en distribua un exemplaire dans chaque boîte aux lettres. La réunion fut annulée. C'était vraisemblablement la meilleure chose à faire. Cependant la rumeur se termina en une douloureuse expérience pour mes amis les plus chers. Michel et Ginette passèrent un hiver complètement ostracisés en raison de nos relations.

Ce fut Le sujet de conversation de l'hi-ver 1998. Quelques personnes nous ont publiquement défendus, d'autres, non. Et quand Michel et sa mère allaient dans un endroit ou rencontraient le voisinage, les conversations s'interrompaient brutalement. Michel parla même d'un classeur portant mon nom... un dossier d'informations qu'il avait vu sur un bureau lors d'une visite chez un voisin.

Les restes de cette baguette connurent une conclusion amère : ce qui avait réuni les gens et créé une communauté autour d'un événement exceptionnel finit en une division douloureuse du village.

L'année suivante, alors que je me baladais au marché de Peyrehorade, j'entendis mon nom émerger d'un groupe de fermiers à béret et de vieilles dames aux cheveux blancs. Je ne connaissais personne, mais tout le monde me connaissait. C'était un sentiment angoissant. J'étais ici chez moi ; je m'étais investie émotionnellement. Je ne voulais pas que mes enfants souffrent, catalogués comme faisant partie d'une secte. Je me défai alors de faire quelque chose de public ou quoi que ce soit d'extraordinaire. C'était le mauvais côté de la vie dans un petit village où tout le monde vous connaît.

Deux ans plus tard, Doug eut une expérience similaire avec une petite mamie. Quand il lui dit qu'il avait été impliqué dans l'histoire de la *Baguette,* elle devint folle furieuse. Elle était ulcérée qu'on ait pu appeler ce pain géant une baguette. Que n'avions-nous pas fait, nous approprier ce mot français, baguette, symbole de la France et de la tradition boulangère, pour le détourner en un objet comestible non identifié ?

Au final, peut-être aurions-nous dû en amont expliquer ce que signifiait cette baguette : un désir d'animer les fêtes annuelles de façon inhabituelle, peut-être en créant une nouvelle tradition. À la suite de la *Baguette*, Jun, Doug et moi-même avons discuté de notre résistance à recevoir de la nourriture de la part d'étrangers. Quand nous étions à la fac, aucun de nous n'était jamais allé aux fêtes gratuites organisées par les Hare Krishna. Nous n'avions pas confiance en leur nourriture. Nous n'étions pas intéressés, ou ouverts à la possibilité de se voir transformés à cause d'elle. Nous ne voulions pas être métamorphosés. Peut-être qu'en offrant de la nourriture gratuitement nous sommes-nous positionnés de la même façon. Peut-être un élément de danger y était-il associé. Peut-être aurions-nous dû demander une participation. Peut-être que le fait d'avoir sous-estimé la valeur de l'événement avait eu pour résultat une perception erronée du cadeau. Quand on paie pour quelque chose, la transaction est claire – les deux parties ont payé pour ce qu'elles ont donné ou reçu – quand on donne, les gens ont l'impression qu'on attend d'eux un retour. Peut-être la personne qui fait ce cadeau porte-t-elle aussi une part de responsabilité dans ce malentendu.

Depuis nous nous sommes beaucoup interrogés sur la confiance qui découle de la volonté de se faire nourrir, d'ouvrir la bouche et d'ingérer quelque chose fait par un autre. Ginette était aussi méfiante sur la nourriture qu'un New-Yorkais. Un jour, Doug fit du pain aux noix (avec les noix de son noyer), il l'accrocha à la poignée de sa porte. Sa première réaction fut de demander s'il n'était pas empoisonné. Elle ne voulait même pas regarder dans le sac et demanda à sa fille de l'ouvrir.

Quand on ouvre la bouche, on s'apprête à se faire métamorphoser. Cela peut être une délicieuse expérience exotique mais, si c'est hallucinogène, cela peut altérer la conscience et, si c'est empoisonné, cela peut même vous tuer.

La mystérieuse bouchée peut aussi apporter la paix. Il y a plusieurs étés, j'ai assisté à une messe à Notre-Dame de Paris. Il n'y avait pas assez de feuillets pour que tout le monde puisse suivre la messe. L'officiant, un vieil homme français, est venu vers moi et m'a tendu son programme. À ma droite, une vieille dame noire, ratatinée, une mantille sur la tête, chantait les cantiques d'une voix tremblotante et aiguë. À ma gauche, un couple d'Américains BCBG cheveux blonds lissés, blazer marine et bijoux Tiffany donnait de la voix, alors que des religieuses philippines étaient sagement assises dans leurs vêtements encombrants tels des pigeons gris et blancs. Quand le prêtre appela à la Communion, l'audience entière fut invitée à s'asseoir à la Table. Je ne suis pas catholique et je n'ai jamais cru à la Sainte Communion, mais je fus invitée à partager le repas du Seigneur. Ce fut un moment magique. Tout le monde était bienvenu : nous étions tous invités, nous partagions tous le même repas, un repas qui avait le pouvoir de transporter tout un chacun dans un lieu saint, le pouvoir de guérir et la promesse de voir sa vie transformée, tout cela contenu dans une petite hostie et une gorgée de vin. L'acte de recevoir la Communion est très personnel, mais il eut lieu et créa une communauté. Recevoir la Communion est aussi proche de l'expérience de l'art que l'on en peut avoir avec la nourriture. Tout l'impact émotionnel et le mystère d'un travail artistique sont contenus dans l'hostie. L'expérience est éphémère car elle fond dans la bouche, n'a pas de goût et ne vous remplit pas l'estomac. Elle ne dure qu'un bref instant mais reste mémorable à jamais.

Tandis que je regardais les gens faire la queue pour recevoir l'hostie, je réalisai que la Communion exprimait pour l'homme la quête d'une paix durable ; en ouvrant sa bouche et son cœur, on s'apprête à être transfiguré. Ceci requiert la foi et une confiance totale. Et le fait d'ingérer sert de portail à cette métamorphose. C'est la raison pour laquelle nous travaillons la nourriture de façon esthétique et que nous appelons cela de l'art. C'est également la raison pour laquelle nous nous surnommons *sustenance artists* [18].

Au sens le plus basique du terme, aucune nourriture ne laisse insensible, car elle se métabolise dans les cellules, elle devient une part de soi. J'aime travailler dans ce monde que nous prenons pour acquis, que nous visitons mécaniquement plusieurs fois par jour : nous avons faim, nous res-

À mes amis de Sorde l'Abbaye,

Je vous écris cette lettre afin d'éclaircir tous ceux bruits qui courent au sujet de ma participation à cette dernière Fête de Sorde. Certaines personnes croient que mon mari et moi sommes des gourous d'une secte au nom de laquelle nous avons organisé cette « Fête Orphique ».

J'aimerai bien mettre un terme à toutes ces rumeurs ; c'est pourquoi je tiens à préciser que je ne suis ni gourou, ni membre d'une secte quelconque ; il en est de même pour mon mari et notre ami artiste : Doug Fitch.

Nicki de Piolenc, la première Américaine à avoir acheté une maison à Sorde l'Abbaye, m'a fait connaître ce charmant village il y a neuf ans. J'y ai acheté une maison, d'une part, pour réaliser un vieux rêve : celui de rénover une ancienne habitation dans la campagne française et d'autre part pour échapper à la vie effrénée de Tokyo. J'ai passé ma jeunesse entre la France, les Etats-Unis et l'Asie car mes parents étaient journalistes et devaient aller là où l'actualité les menait. Vivre dans un même endroit ou habiter dans la même maison toute sa vie sont des choses qui me sont tout à fait inconnues. C'est une des raisons pour lesquelles je suis attirée par le côté ancien, traditionnel de ce village.

Cette année, je voulais offrir quelque chose à ce village qui m'a si chaleureusement accueillie et où j'ai passé des étés très heureux auprès du Gave d'Oloron avec ma famille et mes amis. Marchant sur les traces de mes parents, je suis devenue journaliste spécialisée en cuisine. Doug Fitch et moi travaillons en collaboration sur un livre intitulé « Bouffe Orphique ». Pour rassembler du matériel pour celui-ci nous avons organisé des repas « orphiques » dans d'autres endroits comme Tokyo et New York. Nous avons pensé, pour Sorde, que préparer une grande baguette ferait très français et aussi que nous pouvions faire coïncider notre repas avec la fête annuelle de Sorde. Notre crainte était que personne ne vienne assister à un événement aussi hors de l'ordinaire, à moins que ce ne fût amusant et gratuit ; voilà pourquoi nous avons décidé de couvrir tous les frais de ce repas. Cela semblait plus facile et plus festif que de vendre des billets d'entrée.

Comme nous avions parlé de cet événement à nos amis dans le monde, certains connaissant déjà Sorde, d'autres ayant entendu parler des merveilleuses vacances que nous y passons, plusieurs ont décidé de venir pour cette occasion. Parmi eux, certains sont dans le cinéma, ce qui explique la présence des caméramans. Peut-être n'aviez-vous jamais vu de baguette comme celle que nous avons faite ? Nous non plus ! Mais mes amis n'avaient jamais imaginé voir des jeunes jouer au football avec un taureau, comme vous avez fait au Toro-Ball. D'après moi, tout cela constitue un petit échange culturel.

L'année prochaine, le Village décidera peut-être de continuer cette tradition. Après tout, vous avez et le four et la boulangerie et le souvenir d'une journée mémorable. Nous serions heureux d'y apporter notre labeur si le besoin s'en faisait sentir.

Voilà, c'est tout ce que nous avons essayé de faire, et nous espérons que vous vous êtes bien amusés !

Merci.

Mimi Oka

Lettre adressée au village
pour contrer la rumeur
*Our letter to the town to dispel
the belief that we were a cult*

sentons le besoin de manger, alors nous mangeons. Mais cet acte banal en lui-même a une intense signification : le sens de la confiance, de la volonté de "s'ouvrir" et de se métamorphoser. Peut-être est-ce la raison pour laquelle la *Baguette* a causé tant d'animosité, de tensions et de frictions. Notre travail dépend d'une sorte d'abandon.

Les jeunes fêtards de Sorde ont maintenant vieilli, ils sont parents à leur tour ; ils admettent parfois, quoi qu'on ait dit sur les sectes à l'époque, que la *Baguette* fut l'une des expériences les plus inoubliables de leur vie. L'idée de réorganiser l'événement pour son dixième anniversaire fut même évoquée.

Aujourd'hui, je pense que ce fut un moment mémorable pour ces jeunes. Quand Doug est à Sorde, il se l'entend dire plus que moi. J'aime l'idée que nous ayons eu le privilège de donner à vivre cette expérience qui fut appréciée d'une certaine façon, même si ce n'est pas celle qu'on avait initialement en tête ni que l'on avait souhaitée.

Des années plus tard en regardant des photos, on remarqua qu'un drapeau américain avait été accroché au-dessus de l'enseigne de la boulangerie. Pas un seul d'entre nous ne l'avait remarqué à l'époque. Avec le recul, cela nous fit chaud au cœur de voir ce signe de bienvenue.

On creating community

MIMI/ *One long day... starting around the breakfast table, sleepy faces slowly waking over cups of strong thick coffee, brewed by Doug who laments the fact that French Roast can't be found in France... many people I don't know, sleeping in my house, sleeping in the nunnery across the square, sleeping in Nicki's house, part of the medieval ramparts of the village... we have bonded by jumping into the cold, cold river water, from high up by the monastery walls, wondering if this foolish jump would be our last... we have crammed around the kitchen table eating duck confit and watching Chris create Tuvan throat sounds and twitch his mouth into impossible shapes at the pull of an invisible thread... an odd assortment of people with little in common but the willingness to come to this lost village to make a 45-foot loaf of bread, with no idea of how or why...*

La Baguette Énorme en Gala was a huge loaf of bread that we baked with the help of the little village of Sorde-l'Abbaye in the southwest of France. My husband, Jun, and I had bought a house in the village nine years before, and had slowly crept into village life. By now our 3-year-old son felt quite free to cross the street and hang out with our neighbor, Ginette Pommiers, a 73-year-old widow, where she gave him a concoction of green peppermint syrup to drink, and let him taste the delicious *daube* (beef stew) that simmered on her stove.

I wanted to do something to involve the whole community because I loved what I saw: the people of Sorde were steeped and rooted in the land and the traditional ways, and so much more of a community than I had grown up with in New York and other big cities. I was sorry to see Sorde struggling to maintain itself into the next generation. The young people didn't want to stay and work the land – it's a hard life – they wanted to leave and live in cities. Consequently the village was filled with old people and the very young and not much in between, except old maids and bachelors in their 50s and 60s. To me, Sorde symbolized the difficulty all over the world when the old world clashes with the new.

But in spite of everything, the village still had its annual festival, a tradition going as far back as anyone could remember. Sorde is pretty moribund for most of the year but comes alive in a drunken frenzy for three days and three long nights in August. Although I am told that it is not like it used to be, the youths still dance until all hours on the square behind the church, and the bars still overflow into the streets.

We wanted to do something to coincide with the village festival, and came up with the idea of the giant baguette. Something about bread is so elemental to

food, to life – and deeply French, when it's a baguette. I'm struck by the fact that when I describe what we did to Americans, their response is invariably: "Oh, how French – a big baguette, a big loaf of bread." But everyone in the village said the baguette was just so American, because of the giant scale. One man commented on the "Americanness" of baking napkins into bread. I suppose the baguette was so unusual, everyone had to place it in a foreign category. But the baguette was both American and French, or neither. It was about looking at tradition in a different way, and perhaps even creating a new tradition.

We got approval from the mayor and involved the Comité des Fêtes, who obtained special permission for us to consume the baguette in the ruins of the 10th century abbey, once an important stop on the pilgrimage to Santiago de Compostela.

This is the day... a beautiful day... the clear sky that we have wished for by throwing coins into every body of water we encountered... a day that we have prepared for by hauling steel plates purchased in the shipyards of Bayonne, dragging the load along swerving country roads, buying two cords of firewood (out of season) in the height of summer, barbecuing a 6-foot shark, composing odes to dough in French, and begging Ginette, our neighbor, her hands rough and dry from years of cooking for town weddings and baptisms, to prepare her beef stew for 50... Noel helps the baker knead 700 pounds of flour water and salt... the camera crew has technical meetings... the rest of us drift in a fog with little sense of where to begin...

To us, the Orphic Feast – the artwork – encompasses the whole of the process, from the moment we begin to imagine its possibilities through the aftermath of the event. As with many of our Orphic Feasts since, a community began to coalesce around this project, bringing together old friends and colleagues with new friends and complete strangers. The year of the *Baguette*, the village of Sorde had three bars and one bakery (sadly, the bakery has since closed). We had a good friend in New York who was also a baker and we persuaded him to come. So Noel Comess, *boulanger extraordinaire* and owner of New York's Tom Cat Bakery, produced 700 pounds of dough with the help of Ernest Cazaux, the village baker of Sorde-l'Abbaye. Barry Wine, food pioneer and restauranteur (owner of the Quilted Giraffe) seasoned and pre-grilled a 6-foot shark, ten whole chickens, a turbot, a salmon, a trout, the entire catch from the village fishing competition and countless duck breasts and sausages.

We stuffed the baguette with our own contributions, as well as those of the people of Sorde. Whole pineapples, a roast tenderloin of pork, blackberries and raspberries, chocolate, fresh ewe's milk cheese, cherry jam, and red peppers stuffed with Ginette's famous *daube* were encased in the dough, along with cutlery and dishes loaned by the Town Hall, cloth napkins, tacky souvenirs from the festival's balloon-shooting gallery, trinkets from local stores, some money, car keys, a New York license plate, a T-shirt, a miniature Statue of Liberty, an antique sugar container, homemade pickles from a Cambridge garden, and a wooden rowboat recalling the clandestine salmon fishing that once took place on the Gave d'Oloron river, which runs through the village.

It's a hot, hot day and the village youths have been drinking all night... high noon is their time for sleeping, for snoring in their beer-stained fête whites, in pitched tents, on borrowed couches... but we need their help... the oven, 12 sheets of steel assembled along a wire-fence... balancing on cinderblocks and rebar... Barry foresees technical problems, dismissed by Doug, misunderstood by me... the dough arrives in two plastic tubs... Noel hurries us along... the dough can't wait... we slap globs down on the greased metal sheet... it pulls and shrinks, relaxes and spreads... roast chickens, lobsters, where to put everything... the chocolate is good with the berries, and the cheese, near the duck... are we arranging by taste, by color, by food group... the shark is honored in the middle, he smokes a pipe, his mouth propped open by a lemon... the youths gather slowly, their eyes squinting in the noonday sun, they speak French, we speak English, we need to lift the floppy fermenting behemoth in unison, the dough oozes off, the metal plate undulates... it's too big, too long, too heavy, we're too few, they're too drunk, we're all too many... we don't have what it takes... we try again, the baker leaves in disgust, we try again... how to think clearly, how to come up with a plan... once more... un deux trois, we raise it up... little kids collapse the sawhorses... we step over the boards, set the bread on the ground... un deux trois, we lift again... bring it close to the fire, un deux trois, the bread is on the fire, the fire is hot, so hot it singes the hair on our legs, this was dangerous, why did we do this... what if... don't think about it, just be grateful...

Intermission... the bread bakes... a young bull runs around in a ring of bales of hay... the village youths stage a mock bullfight... the ring floods with water... the bread cooks... Michel Benquet tends the coals... time for aperitifs... I run from house to house borrowing broom handles, mops, staves of any kind, work gloves, pot holders, gardening gloves... we need more people... they won't leave the bars... the bread is cooking... cooked... burned... it looks hideous, lumpy... tastes

good... we'll decorate it... leftover food... tomatoes and red peppers like birthday candles... where are the people... feeling desperate... we can't carry it alone... another run through town... people smile but "Non"... raucous laughter... a tuba honks... figures in white behind Mme Benquet's glass doors... the band serenades her... she splashes Pastis into glasses, our octogenarian Basque queen, bullfight aficionado, and provider of fresh orange-yolked eggs... Doug has been kidnapped into their midst... "Come on"... get them out of there... the parade... our Basque txanbela player and accordionist in brocade vests stand in the empty field playing to the decorated loaf... musicians gather playing copper pots, rubber funnels, cymbals, and wooden clogs... "La Baguette, gentille baguette, la baguette je te mangerai... je te mangerai la tête, je te mangerai la tête, et la tête, et la tête, et la tête...Ah... ah... ah... ah... La... baguette, gentille baguette..."

The local youths wear white food-service hats, chef's jackets... pizza cooks... a nod to the occasion... to the Americans... the whole village is here... Pierre – lanky, charming, cow-eyed cabinet maker... Jeannot – politically opinionated kiwi farmer... Louise – hairdresser body-builder in black leather... Jean – beer-bellied truck driver, Michel Pommiers – wispy, chain-smoker, son of Ginette... familiar faces... it's dusk and cooling... we squeeze together around the baguette... it lifts off... it's heavy... we're so many but the baguette weighs so much... it feels important to carry, to hold, to take turns... each person's contribution... Jeannot worries about his back... Laurent relieves him... the music encourages us... Doug directs the procession waving a flag that features a red and white striped giraffe from Siena... the baguette lurches forward... it's too long to cut corners... we negotiate three-point turns... a pregnant priest arrives from nowhere... he heads the parade... magnum bottle in hand... children dart in and out... what a sight... honoring this odd-looking loaf of bread... in all seriousness...

We arrive in the monastery courtyard... 200 faralitos, lit by Jun, glow in the evening light... the sawhorses and table are covered with a table cloth, sewn by Ginette from sixteen meters of old mattress ticking... the baguette laid to rest... fireworks explode over the church tower... we encourage the villagers to dig their hands into the warm dough... Barry's lost his car keys... he promises his car to whomever finds them... a 5-year-old decrusts a 100-franc note... chickens, sausages... their juices absorbed into the dough... a warm pineapple with sheep's milk cheese and berries... grandmothers lick their gnarled fingers, feed their bewildered grandchildren... "Oui, Madame, c'est bon!"... faces I've never seen in our nine years in the

*village... people who live behind shutters and lace cur-
tains, entertained by game shows and recycled American sitcoms...*

The village was remarkable in its calm, accepting
bewilderment of an Orphic Feast, as though a giant loaf
with a shark baked inside were a typical festival dish,
like turkey for Christmas.

Some villagers had not been to their own festival in
more than ten years.

A lady whose sense of decorum would not normally
have permitted her to eat without knife and fork picked
through a salmon with her fingers, licking them with
great gusto. Neighbors who had not spoken to each
other in years were deep in conversation. Complete
strangers fed each other by hand.

The true spirit of our project became clear to me when
my neighbor Michel said: "The most beautiful moment
wasn't in the baking, or even in the eating, but when the
village came together to lift up that baguette and start
the parade." He, born and raised in the village, knew
that many people who did not normally sit together at
the same table – did not normally participate in village
events – had come out and gathered around our bread.

*When nothing but the burned bottom crust is left, a
ruddy gray-haired fellow in a white 70s-style leisure
coat plucks my T-shirt, whispers that his friend is too
afraid to ask... but his pigs would enjoy the leftover
bread... Yes! Orphic Fodder... please take it... he'll bring
his truck in the morning... it's the perfect ending...
people food, pig food, people food next year... in the
morning a tractor rattles up with a large trailer... we
pluck out items inedible to pigs... the odd souvenir...
a fork and napkin... but the lobster shells stay... the
bread in pieces, small, diminished, the burnt crust... a
reliquary on the floor of the trailer... we follow in our
car... the camera crew records... I have met the farmer over pigs before... Charlot, the shy local butcher,
the one who in winter slaughters and slices the pigs
our neighbors raised... the pigs are sleeping in a dusty
brown field... the bread dumped in over the fence... they
snuffle up and eat... with gusto... all of it... lobster shell,
chicken bones, bread with cheese and chocolate... we
watch in admiration... the abandon, the concentration...
they poke their snouts through the fences, looking for
more... all gone... Charlot's wife, a big lady, invites us
back in winter, to eat the pâté these pigs will make...*

On (not) being a cult

The rumors started the next day. The children of the
local gendarme had looked up the word "Orphic" in
someone's dictionary, and found that it had Bacchanalian – and consequently pagan – connotations. They in-
vestigated the meaning of Doug's giraffe flag and found
it was the symbol of an ancient guild. This was only a

few years after the gassing of the Tokyo subway by a
bearded, crazy cult leader. Suddenly we were a cult. My
inscrutable unshaven Japanese banker husband was
the guru and I was the gurette. Doug was apparently
merely a follower, which made us wonder whether the
xenophobia had a racial tinge. The rumor cast a pall on
the *Fête* – not a huge pall initially, but one that continued and grew into the autumn.

Sometime in the middle of October, Michel told me that
they were calling a town meeting to discuss the danger
of cults. Doug and I decided we needed to set things
straight. We wrote a letter thanking everyone for their
participation in what had been entirely an artistic endeavor, my gift to a community that had given me so
much for nine years. We gave the letter to the postman,
who put it in everyone's mailbox. The meeting was cancelled, so it was probably the right thing to have done.

However, the rumor persisted and ended up being the
topic of conversation during the winter. Some people
publicly defended us; other people didn't. The experience was deeply painful experience for my friends.
Michel and Ginette, my closest friends in the village,
spent a winter deeply ostracized from the rest of the
community because of their relationship to me. When
either of them entered the room or the vicinity, conversation would stop abruptly. Michel speaks of going into
someone's house and seeing a folder on their desk with
my name on it... a dossier of information as it were.

The painful vestige of the *Baguette* was that this memorable event, which had brought people together and
created a community of diners, ended up creating division in the community.

The next year, when I went for a walk in the market in
Peyrehorade, I heard my name emerging from clumps
of beret-wearing farmers and grey-haired ladies in
floral housedresses – no one I knew, but they all knew
me. It was eerie to hear my name, to be aware of the
fact that strangers were talking about me. This was my
home; this was a village that I had invested in emotion-
ally. I didn't want my children to suffer because they
were labeled as belonging to a cult. I became wary of
doing anything public, or of doing anything in any way
out of the ordinary. This was the dark side of living in a
small village where everyone knows your name.

A couple of years afterward, Doug had an experience
with a little old lady across the way from my house:
when he told her that he had been involved in the
Baguette, she got really really angry. She was outraged
that we had called the giant loaf a "baguette." What
were we doing, appropriating this French word, this
baguette, symbol of French food and baking and community, and turning it into an unrecognizable beast?

Maybe we hadn't done a good enough job of explaining
what the *Baguette* was: a desire to animate the festi-

val in an unusual way, perhaps create a new tradition. Subsequent to the *Baguette*, Jun and Doug and I have discussed our natural resistance to taking food from strangers. When we were in college, none of us went to the free feasts offered by the Hare Krishnas. We didn't trust the food; we certainly weren't interested in, or weren't open to, the possibility of being changed by it. We didn't want to be changed by it.

Perhaps we had placed ourselves in a similar category in the minds of the villagers. Maybe there was an element of danger associated with our offer of free food. Maybe we should have charged admission. We had thought about it, but felt it was such a wacky thing that no one would pay to participate. And the project wasn't that expensive to do – the price of the metal that we bought to construct the oven and the price of the flour. Perhaps our underestimation of the value of the event – our own misperception – resulted in the gift itself being misperceived. When you pay for something, the transaction is clear – both sides have given something and received something. When you give something away, people become suspicious of what you might want in return. We learned that it is not necessarily the fault of the people to whom the gift is given if they don't appreciate it. Perhaps the giver bears some responsibility in that misunderstanding.

We've since thought a lot about the sense of trust that comes with being willing to open your mouth and take in something that someone else has made. Our neighbor Ginette was as wary of unknown food as a New Yorker. Doug once left a freshly baked loaf of walnut bread – made from walnuts she herself had provided from her own tree – hanging in a bag on her doorknob, and her immediate reaction was to wonder whether it was poisoned. She didn't even want to look in the bag, and called her daughter over to investigate its contents.

When you open your mouth and allow yourself to be fed, you are taking a profound risk. It could be a deliciously wonderful exotic experience, but it could also be a hallucinogen that would alter your consciousness, or a poison that could kill you.

The mysterious mouthful could even bring you peace. A few summers ago, I happened upon High Mass at Notre-Dame Cathedral in Paris. There were not enough programs to go around, and the usher, an elderly Frenchman in a brown collared shirt, beckoned me to a seat, handing me his own program. A dark wizened lady to my right clutched a worn prayer book, a dainty lace handkerchief covering her head. She sang the hymns in a quavering high-pitched voice, following the entire mass in her book. A preppy American couple was on my left, with blow-dried hair, blue blazer and Tiffany jewelry, while behind me a group of Filipino nuns sat quietly like grey and white pigeons in their voluminous habits. When the priest called us to share a meal with the Lord, the whole congregation, this collection of tourists and Parisians of all shapes and colors was invited to sit at the table. I am not Catholic, and have never taken nor believed in Holy Communion in the Catholic sense, but I was included in this dinner invitation. It was a beautiful moment. We were all welcome, we were all sharing a meal that had the power to take each person to a holy place: the power to heal, and the possibility of a transformed life, all contained in a small round wafer and a sip of wine.

The act of taking Communion was deeply personal, yet took place in – and created – a community. Taking Communion is as close to art as you can get with edible materials. All the emotional impact and mystery of a powerful work of art is contained in the communion wafer. The experience is ephemeral – the wafer dissolves in the mouths of the celebrants, has no taste, is hardly filling to the stomach. The experience lasts only a moment, but remains deeply memorable.

As I watched people lining up to take Communion, it occurred to me that this act expressed man's quest for lasting peace through the physical act of eating. Opening your mouth and your thoughts requires total faith, complete trust and openness to change. And the act of ingestion serves as a portal to this transformation. This is why we work with food as an aesthetic medium, and why we call what we do art. This is why we call ourselves *sustenance artists*.

In the most basic sense, no food leaves you unchanged, because you metabolize it into your very cells: what you eat becomes a part of you. I like working in this realm of something we take for granted, that we do mechanically many times a day: we get hungry, we feel the need to eat, so we eat. But that mundane act, in and of itself, has a very deep meaning: that sense of trust, that willingness to be open, to be transformed. Perhaps that's why the *Baguette* also caused such antipathy, so much friction. Our work depends on a kind of surrender.

The drunken youths of Sorde, who have now grown up and have children, will occasionally admit – whatever was said about the cult at the time – that the *Baguette* was one of the most unforgettable experiences of their lives. They don't necessarily say that to us easily. Doug tends to elicit it more when he is in the village than I do, but I don't mind – I just like the fact that we had the privilege of being able to give it, and have it be appreciated, even though perhaps not in the way we had initially intended or hoped.

Several years later, we were looking at photographs of the day of the *Baguette*, and we saw that someone had hung an American flag from the bar outside the bakery. None of us noticed at the time. It was heartwarming, in retrospect, to see that sign of welcome.

Quadriennale
Cœur de Prague

Heart of Prague Quadrennial

Quand la Quadriennale de Prague nous invita, Doug et moi voulions écrire un mythe ou une allégorie qui célébrerait la création du monde. Il y aurait une montagne de farine et un lac d'eau. Un oiseau y viendrait et y déposerait le mystère du miracle de la vie : la levure, comme origine de toute chose.

When we were invited to participate in the Prague Quadrennial, Doug and I wrote a myth or allegory that celebrated the creation of the world from a mountain of flour and a lake of water. A bird came along and deposited a mysterious miracle of life: the yeast that started the whole chain of being.

Le levain, la tête et les pieds

DOUG / Alors que j'étais enfant – vivant à Fargo dans le Nord-Dakota, à l'ère pré-Julia Child[19] où la majorité du pays vivait sous l'influence du *Wonder Bread*[20] et de sa blanche mie qui promettait croissance saine et sauvegarde de l'émerveillement de l'enfant face à la découverte du goût, tout en éliminant saveurs, atouts nutritionnels et tout le mystère de la fabrication du pain au levain –, ma grand-mère maternelle arriva un jour et versa de la levure dans un verre d'eau. J'observai comment cela montait, moussait et produisait le plus exotique nouvel arôme. Elle ajouta du miel et du lait chaud, une pincée de sel, une noisette de beurre puis de la farine. Après avoir assemblé ces éléments, elle me laissa le grand honneur de les mélanger tous en une pâte collante et m'invita à la gifler et à la battre sur le plan de travail jusqu'à ce qu'elle soit jugée "bonne".

La qualité de ces ingrédients agglomérés était telle que l'ensemble doubla de volume et se transforma dans le saladier en une douce et très satisfaisante bedaine. Je regardais ma grand-mère cogner dans cette bedaine souriant subversivement alors qu'elle la ramenait à une forme de taille plus humble. Mais elle gonfla à nouveau. C'était un miracle pour moi, comme ce le fut longtemps jusqu'à ce que l'on comprenne ce qu'était la levure.

On divisa la pâte et la mit dans des moules en métal spécialement conçus à cet effet. Puis on fit cuire les pains et quand on les sortit du four, une fabuleuse odeur nous prit d'assaut. Elle attira par le bout du nez toute la famille. Ça, c'était du *wonder bread* (pain merveilleux)! Notre alchimie avait forgé un nouveau moyen d'expression qui rassemblait les gens autour d'un plaisir aussi simple que celui de manger. (J'ai appris récemment que le mot "compagnon" se référait, à l'origine, à ceux qui rompaient le pain ensemble; puisque la levure fut largement acceptée comme étant un miracle, la "compagnie" semble être rien de moins qu'un présent divin béni par l'acte de manger du pain!)

Le merveilleux cadeau que ma grand-mère m'offrit était l'appréhension de la science et de l'art, de la performance et de la nourriture, et cela s'appliquait de façon inhérente à chacun des sens que l'expérience de la vie apporte.

Je n'oublierai jamais le sentiment de magie que je ressentis lors de cette incroyable soirée, même si le résultat de notre effort existe seulement au travers des bribes de souvenirs. Il se peut que ce banquet multisensoriel fut ma première expérience orphique. C'était comme fabriquer une sculpture vivante et puis la dévorer.

Ce que nous mangeons, nous le voyons, le sentons, le touchons et l'entendons également. Nous consommons l'acte de vie de la même façon que nous sommes consommés par la vie elle-même.

MIMI / Quand la Quadriennale de Prague nous invita, Doug et moi voulions écrire un mythe ou une allégorie qui célébrerait la création du monde. Il y aurait une montagne de farine et un lac d'eau. Un oiseau

Danseurs maoris improvisant une danse dans la pâte à pain
Maori dancers improvised a dance in the bread dough

y viendrait et y déposerait le mystère du miracle de la vie : la levure, comme origine de toute chose. Ma filleule Caroline vint avec nous et tint le rôle de cet oiseau porteur de vie.

Les mois qui précédèrent Prague, Jun et mon fils aîné étaient au Japon, aussi la maison était-elle vidée de moitié. Ils me manquaient, et je me mis à cuisiner du pain au levain avec le levain que j'avais moi-même cultivé. Entretenir le levain et cuisiner le pain étaient devenus une activité mécanique pour oublier le manque de mon mari et de mon fils. Le levain nécessite des soins de chaque instant et n'est pas quelque chose que l'on peut oublier, c'était comme avoir un organisme vivant au sein de ma maison. Nourrir cette levure m'amena à réfléchir à l'étrange et mystérieux miracle de la levée du pain. Avec des connotations biblique et spirituelle, la levure transforme la farine et l'eau en un élément complètement différent et totalement comestible. Il n'y a pas une partie de farine et d'eau qui n'ait été touchée par la levure.

Quand on arriva à la Quadriennale de Prague, il y avait tant d'artistes travaillant dans une ambiance cacophonique que l'on se sentit perdus et mal à l'aise. On avait tous les deux envie de fuir. Mais le temps passant, nous devenions reconnaissants d'avoir été conviés. On connut des moments merveilleux complètement imprévisibles : tandis que nous travaillions à créer notre mythe, des danseurs maoris nous rejoignirent et improvisèrent une danse dans notre chaos aqueux et pâteux.

Au final, le pain que nous avions fabriqué en pétrissant cette tonne de pâte avec nos corps fut très bon, et les olives et le sel que les gens avaient ajoutés étaient une magnifique expression de partage et de communion.

Lettre de Caroline[21]

Le premier lundi, nous nous retrouvâmes chez OBI, une quincaillerie tchèque où nous passâmes un temps fou à essayer de réunir un max de choses pour le spectacle. Ce fut là que mon rôle d'oiseau commença à prendre vie et forme en la "Majestueuse Créature" du programme. À partir de l'idée d'un simple bec émergèrent de la fibre de verre jaune, des éponges, des piques de bois, des sabots, des rouleaux de mousse, des couteaux en plastique multicolore, un tissu rouge ressemblant à du grillage et des kilomètres de ruban adhésif. Je ne voyais pas où tout cela allait mener mais j'allais vite comprendre.

Le mardi, je passai près de six heures à me faire tailler sur mesure le costume. N'étant pas très bricoleuse de mon état, je vais tenter de décrire la chose. La fibre de verre une fois enroulée faisait près d'un mètre vingt et formait le cou de l'oiseau. En bas du rouleau, Doug avait découpé un trou pour laisser apparaître mon visage et deux demi-cercles sur les côtés pour que je puisse y glisser mes épaules. D'autres morceaux de fibre de verre et des tonnes d'adhésif jaune formaient le bec, des phares de vélo constituaient les yeux, et deux gants de caoutchouc remplis d'éponges figuraient la crête.

Et cela ne faisait que commencer! Pour le corps du costume, ils cousirent un corset dans une bâche grise attachée avec de la ficelle grossière. Puis la queue fut réalisée dans la même matière plastique, six longs tubes dépassaient d'une crinoline enroulée de mousse. Tout cela fut recouvert d'adhésif multicolore. Pour fignoler le tout, un gros ventre bourré de mousse fut garni de bandes rétroréfléchissantes noires et blanches, quant au dos, il l'était de bandes adhésives rouges et jaunes[22], formant ainsi le drapeau japonais.

Tout cela était encore supportable; mon drame arriva sous la forme d'une paire de chaussures tchèques en caoutchouc rouge ressemblant à des sabots de jardin. Là n'était pas le problème, j'aurais adoré porter ces sabots au lycée rien que pour arborer une nouveauté absolue. Mais Doug perça des trous dans mes précieuses chaussures, trois à l'avant et un à l'arrière, qu'il combla avec des piques en bois. Le bout de ces piques entrait à l'intérieur, rendant la marche douloureuse. Pour couronner le tout, des baguettes de pain furent collées sur les extrémités de ces piques, mes serres étaient nées.

On aurait dû se douter que le pain était bien trop lourd pour les piques et que ces chaussures étaient une mauvaise idée, mais Doug, que rien n'arrête, fit un large sourire et scotcha encore en plus des planches de bois sous leurs semelles. Pourquoi commencer à faire pratique maintenant quand on peut faire compliqué?

J'appréhendai d'enfiler ce costume et de parader ainsi parmi un groupe d'étrangers. Je me ressaisis, me confortant dans l'idée qu'être capable de me sortir avec dignité de

Orphic
CREATION MYTH: (Metaphor for Digestion)

Majestic Bird

nomadic attendants

Bird Blesses
the world causing
the potential of
the world to be set
in motion.

(Mouth) — Lake

Mountain — Bread feet

Mountain & lake
represent many things —
Man & woman, openness
to change, solid, liquid,
potential (stored)

The attendants mix the mountain
with the lake — they are agents
of change — catalysts. Because
of their sacrifice, life is given
to the world — they initiate
the big sticky mess, are drawn
into it — they get baked
at the hot center of the
world then get center through
to the other side where they
end up as bread — at the
shore of a lake — ready to
be eaten & transformed again.

journey (intestine)
(Digestion here means
the earth absorbs the nutrients
and excretes the rest which
fertilizes the (new forms of) life.
(oven)

Flake

volcano

Attendants
turn into baguettes
and become the
first food for what
emerge as animals...

(asshole) (atoll)
another lake?

Life appeared once sustenance (bread via
the miracle of leaven) was brought as a gift
from the "great spirit" or... another world.

Eventually the people develop a special ritual with bread:
"Bread Head" Is the celebration of the
Beginning of Sustenance.

cette performance et que m'investir totalement dans ce ridicule ensemble représenteraient un sacré entraînement d'acteur. J'allai de l'avant pour réaliser ce que je considère désormais comme ma première scène et, quand arriva le mercredi, je me sentais prête, tout à fait équipée pour nos débuts.

Mimi et Doug s'apprêtaient à faire la pâte. Mihal, le régisseur en charge "du bien-être" des acteurs, nous dit qu'avant de nous rencontrer et de nous apprécier il nous avait surnommés sa "production à cauchemars". Nos deux *sustenance artists* avaient non seulement demandé un four sur mesure mais aussi une piscine de sept mètres sur sept d'une profondeur de cinquante centimètres. La piscine servirait de pétrin géant dans lequel serait versée une tonne de farine nécessaire à la confection de la pâte au levain.

Notre odyssée de trois jours débuta le mercredi après-midi avec moi défilant majestueusement, cela va de soi, dans tout le palais, suivie de Doug et Mimi portant des valises au bord de l'accouchement de levure. Je finis ma procession face à l'entrée où était installée la piscine. Puis, en hommage au mythe philippin de la création dans lequel un oiseau apporte la vie sur terre, je commençai à distribuer la levure depuis les coins de la piscine – j'apportais la vie ! Une fois cette tâche effectuée, je n'avais plus l'obligation de porter ma "quincaillerie" jusqu'au vendredi soir, mais il y avait encore du boulot. Moimême, Doug, Mimi, Matthew, le photographe étudiant à Yale, un certain Roald Simonson, une fille d'Alaska prénommée Corlé et un petit Anglais de sept ans très serviable, Aaron, avions mission de malaxer une tonne de pâte avec nos corps. Dieu bénisse Matthew car je ne suis pas sûre que beaucoup de gens m'auraient crue si cette aventure dingue n'avait pas été photographiée dans son intégralité.

On entrait de façon cérémonieuse dans la pâte en sautant d'un trampoline, une prouesse que Doug perfectionna tout au long de la journée. Chacun de nous, hormis Doug et Mimi, se reposait de la tâche harassante de malaxer la pâte en allant tour à tour derrière la caméra.

Jeudi ne fut pas pour moi une journée très exaltante mais une expérience enrichissante. Je fus parquée sur des caisses en bois à surveiller les sacs de tout le monde. Je me sentais seule tandis que Doug et Mimi travaillaient sans relâche, transbahutant la pâte de la piscine jusqu'au four géant. À un moment, je me mis à donner un nom à tous les sacs, voix et contacts humains commençant à me manquer. Jeudi, tous les membres de l'équipe avaient désormais des sacs prénommés Bert, Ernie, Bob, Mike, Poulet et mon propre sac *Peaseblossom*.

La leçon que je tire de tout cela est qu'il n'y a pas d'action nulle ou inutile quand il s'agit d'aider les autres : être assise à faire ce qu'on vous demande de faire et être remerciée non pour ce que l'on a fait mais pour avoir permis à chacun d'être bien et productif dans son travail, voilà la leçon. Mercredi, j'étais oiseau, jeudi, sur-

Jets et jeux de corps
pour pétrissage
d'une tonne de pâte
*Kneading a metric ton
of dough with
our own bodies*

veillante de sacs, chacun de ces rôles était un maillon inestimable de toute la chaîne.

Plus tard ce soir-là, je luttai contre mon ennui en sympathisant avec des étudiants allemands qui m'invitèrent à écouter de la musique toute la nuit. Mes folies nocturnes ne me laissèrent que deux heures de sommeil, et vendredi était une grosse journée. Comme par miracle, ma rencontre avec de nouvelles têtes et la joie de me faire de nouveaux amis m'exaltèrent et me permirent de rester rayonnante tout au long de la journée. Je confectionnai des pâtes pour le dîner de clôture que nous servirions le soir même. Les pâtes furent faites à partir de plusieurs mélanges de colorants alimentaires rouge et bleu, représentant le sang ou la vie s'écoulant d'une tête de pain.

La *Bread Head*[23] était une trouvaille de Doug. Des morceaux de pain furent fixés sur un cadre en bois de façon à former une gigantesque tête qui défilerait lors du dîner. Cette dernière prit vie dans les coulisses grouillant d'artistes performants en tout lieu à tout moment.

Il y a deux groupes d'artistes en particulier que je voudrais mentionner : les Samoans et les Kazakhs. Les Samoans, en costume tribal, avaient exécuté des danses quelque peu effrayantes toute la semaine, comprenant coups de lance et tirages de langues. Le vendredi, cependant, ces hommes nous firent l'un des plus grands honneurs que nous puissions recevoir en réalisant leurs danses dans le reste de la pâte. Les Kazakhs qui se surnommaient eux-mêmes Kyzl Tractor étaient un groupe d'hommes avec

de curieux petits chapeaux, un habit traditionnel fait de différents bouts de tissu d'où pendouillaient des clochettes. Ils portaient également de gros tambours en peau de chèvre sur leurs dos. Les Kazakhs avaient accepté de nous aider pour notre représentation du soir. J'étais censée faire une entrée triomphale depuis l'escalier principal que je devais descendre en costume d'oiseau escortée des Kazakhs, descente que je n'aurais jamais pu faire toute seule.

Cela décidé, on étendit les pâtes séchées sur les tables où bouillaient des marmites d'eau en attente d'invités affamés.

Je dois reconnaître qu'à ce moment-là je commençais à être un peu grincheuse car Doug ne voulait rien entendre de mes supplications à propos des chaussures que j'avais en horreur, c'était pourtant ma seule réclamation concernant tout ce costume. Dans un moment de faiblesse, je finis par consentir à enfiler ces pattes d'oiseau quand Doug, me caressant dans le sens des plumes, me dit : "Si quelqu'un peut le faire, Caroline, c'est bien toi."

On se mit d'accord sur le fait que j'enfilerais mes chaussures en bas de la scène, juste avant de commencer le défilé jusqu'à la *Bread Head*.

Vingt heures trente retentirent quand, parée de mon costume d'oiseau et flanquée d'un Kazakh de chaque côté, j'entamai, royale, la descente du grand escalier sur un rythme techno. Le public, en état de choc ou émerveillé, je ne sais, se mit à applaudir ma descente. Je réussis courageusement à faire bonne figure, me chantant à moi-même ces paroles immortalisées par Ben Folds Five : "Hello, World, I am a bird…"

Grâce à la confiance des Kazakhs, notre périple ne se révéla pas être l'épreuve que j'attendais. En arrivant en bas de l'escalier, je plaçai cérémonieusement chacun de mes pieds dans ses très appropriées réceptacles à serres d'oiseau et amorçai le défilé. Doug, solennellement, invita le public à se lever et à me suivre, tandis que j'avançai en direction de la *Bread Head*, qui trônait prête à être présentée. À la *Bread Head*, je m'arrêtai et regardai d'un air altier la foule, tandis que huit hommes de l'assistance soulevaient la tête de sa plate-forme et la portaient sur leurs épaules. À ce stade, les deux Kazakhs me laissèrent et s'en furent retrouver les autres membres du Kyzl Tractor dans un déferlement de tambours ; le public fut alors appelé à y joindre leur voix pour célébrer le festin et le sacrifice à venir.

C'est à ce moment-là que mon histoire vira au pire. J'étais seule pour continuer le défilé, avec seulement Matthew en paparazzo ; mes baguettes de pain commencèrent à tomber. Ma situation devenait délicate : dotée d'un cou d'un mètre vingt chancelant au-dessus de ma tête, je ne pouvais ni me plier ni bouger la chaussure. Je me mis à vaciller, cognant le pain à chaque fois que je faisais un pas, jusqu'à ce que Matthew, ayant pitié de moi, ramasse la baguette de pain. Puis, alors que j'arrivai tout juste à l'angle sur le devant de la scène, une des piques se prit dans le tapis de feutrine apporté par les Kazakhs pour

The Bread Head

leur spectacle. Je dus m'arrêter, reculer avec autant de dignité que possible, rediriger mes pieds et continuer mon périple avec deux autres baguettes traînant dans le sillage de ma queue en éponge.

Le prochain arrêt était la longue table du dîner. Je m'y tins, ailes déployées, ouvrant la voie à la foule défilant et portant la *Bread Head*, et l'invitant à la déposer au pied de la table. Cela fait, je contemplai tout le monde puis fixai la *Bread Head* avec un regard qui disait "C'est bon" et sortis enfin, fulminante.

Pendant que je faisais en sorte de me retourner sans empaler qui que ce soit, Doug et Mimi procédèrent au sacrifice de la *Bread Head* et convièrent le public à commencer le repas; c'est alors que la dernière baguette tomba des chaussures ridicules et que j'atteignis les profondeurs de l'exaspération. Enfin hors de vue, maudissant Doug et ses chaussures atroces, je m'attendais à trouver quelqu'un en coulisses pour m'aider à me libérer de ce satané costume, mais j'étais seule.

Puis, pour attiser ma rage, l'une des piques se cassa et vint se planter dans ma jambe, ce sur quoi je découvris que je n'étais plus seule. Une femme arrivée en retard à notre représentation eut juste le temps de remarquer qu'un oiseau mythique, mais en colère, marchait lourdement dans sa direction avant que trois piques coincés sous la moquette me fissent tomber genoux et ventre à terre. Cette femme fit preuve d'une conduite exemplaire, quand, se penchant vers moi et retenant un fou rire,

elle me demanda si j'avais besoin d'aide, ce à quoi j'ai bien peur d'avoir répondu "Non!" sur un ton sans appel. Sur ce, elle continua son chemin et moi, toujours vautrée sur le sol, je balançai triomphalement mes chaussures et essayai de me remettre debout.

Ce ne fut pas aussi simple que je l'imaginais, car, dans ma chute, la tête s'était accrochée à la queue, si bien que, dès que j'essayais de me relever, elle me rejetait à terre. Au bord des larmes, je remis tant bien que mal la tête tombée en arrière et, une fois de plus, m'appuyant sur le ventre, les pieds nus, je me remis debout. J'arrachai moi-même le costume et me résolus à ne plus jamais le porter, même si je devais manquer la prise de vues de samedi. Après avoir laissé le costume en tas, je marchai d'un pas lourd et sonore vers l'avant de la scène où je m'assis sans rien dire jusqu'à ce que Doug me demande si je voulais des pâtes; ronchon, j'acquiesçai.

Finalement, Mimi vint me demander pourquoi j'étais si désagréable; je lui racontai alors le drame qui venait de se jouer. Mimi riait tandis que je parlais. Rétrospectivement, c'était effectivement hilarant; déconcertée, je me mis à pleurer. Doug s'approcha et me demanda pourquoi je le regardai ainsi les yeux larmoyants. "Je t'en veux vraiment!", lui répondis-je. Je lui expliquai toute mon histoire pour être finalement satisfaite quand il déclara : "Caroline, tu as été fabuleuse et tu avais raison à propos des chaussures."

Caroline en Oiseau Mythique / *Caroline as the Mythical Bird Creature*

An Orphic Creation Myth

DOUG / When I was a little boy living in Fargo, North Dakota, in a pre-Julia Child time, when much of the country was under the influence of Wonder Bread – snowy white dough that promised healthy development and the preservation of a childlike sense of wonder whilst extracting all flavor, nutrition and, yes, the entire beautiful mystery from the process of baking leavened bread – my maternal grandmother arrived one day and poured yeast into a cup of water. I watched as it grew and bubbled and produced a most exotic new aroma. She added honey and warm milk, some salt, a little butter, then flour, and after she brought all these elements together from their various original sources – bees and cows, minerals and plants, she gave me the great honor of mixing them all up into a fabulous sticky paste and invited me to slap it and beat it around on the counter until she judged it "right."

A new identity emerged from these ingredients when they were collected together. The whole lot doubled in size and became a soft and satisfying belly in a bowl. I watched my grandmother punch that belly, smiling subversively as she reduced it back to its former humble size. But then it rose again! It was a miracle for me – much as it was in times before yeast was understood to be yeast.

We divided the dough and put it in metal tins devised specially for just such an occasion. Then we baked the loaves, and when we pulled them out of the oven, the wonderful smell was overwhelming. It hauled the family in by their noses. This was *wonder bread*! Our alchemy had forged a strange new medium that brought people together to enjoy a pleasure as simple as eating. (I recently learned that the word "companion" originally referred to those who break bread together; since leaven had been generally accepted as a miracle, companionship seems to be nothing short of a heavenly gift consecrated by eating bread!)

The wonderful gift my grandmother gave me was science and art and performance and food, and it inherently appealed to every one of the senses we've been given to experience life. I have never forgotten the magic I felt that incredible afternoon, although the product of our efforts only exists as a remembered ephemeron.

This may have been my first Orphic-like, multi-sensory banquet. We had made a living sculpture. And then devoured it. What we eat, we also see, smell, hear and touch. We consume the activity of living as we are consumed by life itself.

MIMI / When we were invited to participate in the Prague Quadrennial, Doug and I wrote a myth or allegory that celebrated the creation of the world from a mountain of flour and a lake of water. A bird came along and deposited a mysterious miracle of life: the yeast that started the whole chain of being. My goddaughter, Caroline, came with us and portrayed the life-giving bird.

In the months before Prague, my husband and older son had been in Japan, so our household was half the size it normally is. As a distraction, I started to bake a lot of sourdough bread. Creating and maintaining the starter and baking the bread became a mechanical way of getting through missing my husband and son. The starter had to be cared for at certain times; one couldn't just forget about it – another living organism in my house. Nurturing this sourdough led me to think about the amazing mystery and miracle of risen bread. You take yeast from the air and transform flour and water into a completely different product that bears no resemblance to the two component parts. There isn't a part of the flour or part of the water left untouched by the yeast. The yeast transforms the whole mass into something totally edible, with spiritual and biblical connotations.

When we arrived at the Prague Quadrennial, there were so many artists working at once that the cacophonous combination felt bewildering and uncomfortable. Both of us felt like running away. But as time went on, we became deeply grateful to the festival for inviting us. We had wonderful, completely unpredictable moments: as we worked to invent our creation myth, Maori dancers came and improvised a whole dance in our watery, doughy mess. And in the end, the bread we were able to make by kneading a metric ton of dough with our own bodies actually tasted quite good, and the olive and salt that people dipped the bread into was a wonderful expression of sharing and community.

Caroline's letter

The first Monday found us at OBI, a Czech hardware store, where we spent a great deal of time trying to assemble things for the show. My role as "the bird" began its evolution into the Majestic Creature in the program. From the idea of a simple beak sprang yellow fiberglass, and then somewhere along the line sponges became involved, then wooden dowels, garden clogs, rolls of foam, multicolored plastic knives, a red material resembling chicken wire, and duct tape – roll upon roll of duct tape. I couldn't see where all of this was headed, but I was soon to find out.

On Tuesday I spent the better part of six hours getting fitted for this costume, whose two previous names had melded into the all-encompassing Majestic Bird Creature. Not being a hardware sort of girl, I cannot tell you the actual name of the materials they used. I will, however, take a stab at trying to describe it. The fiberglass, which stood four feet tall when rolled up, became the neck of the bird. At the bottom of the roll Doug had cut a hole for my face, and semicircles on the sides that would be my shoulder supports. More fiberglass, as well as large quantities of yellow tape, were called upon to make the beak, with bike reflectors as the eyes, and two sponge-stuffed rubber gloves for a coxcomb.

And they'd only just begun. For the body of my costume they fashioned a lace-front corset out of a gray tarp strung with utility string. Next, a tail was fashioned out of the same plastic material, this time in the form of six long protrusions sticking out of a rolled-foam bustle. All of this, after being duct-taped on, was covered with multi-colored tape. My ensemble was completed with a large foam-stuffed belly, the front of which was covered in black and yellow warning tape, the back with red and yellow tape that formed the rays of the Japanese Rising Sun flag.

Alone, all of this was tolerable; the bane of my existence, however, came in the form of a pair of red rubber Czech shoes that resembled gardening clogs. These alone were not the problem; in fact, I would have loved to wear these shoes up to my high school in New Hampshire for the sheer novelty of wearing red rubber Czech-cum-gardening clogs. But Doug drilled holes into my precious new shoes, three in the front and one in the back, which were soon filled by wooden dowels. The ends of the dowels were inside the shoes, making walking a bit of a chore. Finally, adding insult to injury, baguettes were stuck onto the ends of the dowels, and my talons were born.

We should have known, when the bread was too heavy for the dowels, that the shoes were a bad idea, but Doug, never to be daunted, flashed a grin and duct-taped wooden boards to the bottom of the shoes – why start being practical now?

I was apprehensive about donning this costume and parading about a group of complete strangers; however, I soon recovered, inspiring myself with the notion that being able to pull off this performance with dignity and the utter commitment involved in such a ridiculous ensemble would go great lengths toward expanding my acting chops. Thus I moved forward, actually reveling in what I now saw as my "first gig," and when Wednesday arrived I was entirely braced and prepared for our debut.

Mimi and Doug were going to make dough. Mihal, the man in charge of helping all the artists obtain their proper materials and supplies, had told us that before he actually met us and loved us, he had taken to calling us his "production nightmare." Our two sustenance artists had requested not only a custom-sized oven on the mall of the Industrial Palace, but also a lined pool, about half a meter high and 7 x 7 meters flat. The pool was to be the mixing bowl for one ton of flour.

Our three-day odyssey began with me, on Wednesday afternoon, parading around the entire industrial palace, very regally, to be sure, followed by Doug and Mimi bearing suitcases pregnant with yeast. I finished my procession in front of the entrance where the flour-filled pool lay in wait. Then, in homage to the Filipino creation myth in which a bird brings life to the earth, I began distributing yeast from the corners of the pool – I brought life! With that completed I was under no obligation to sport my hardware glamour again until Friday evening, but there was still work to do. Doug; Mimi; Matthew; their photographer-cum-Yale-student, one Roald Simonson; an Alaskan girl named Corlé; a very helpful 7-year-old English boy named Aaron and

I faced the task of kneading over a ton of dough with our bodies. God bless Matthew, for I'm not sure how many people would believe my wild adventure, were it not fully documented.

We entered the dough by way of a ceremonious jump off a trampoline into the batter, a feat that Doug perfected as the day grew old. Each of us, save Doug and Mimi, parents of *The Bread Head* project, found respite from the ever hardening dough by taking a turn with the video camera.

Thursday was not so much an exciting day for me as a learning experience. I was stationed for the better part of nine hours on some wooden crates in the general vicinity of the outdoor oven, guarding everyone's bags. This became a lonely post, though Mihal made a valiant effort to take time and come speak to me when he got a moment, as did Matthew, whilst Mimi and Doug worked tirelessly, schlepping dough from the pool inside to the giant oven on large metal trays. I did, in fact, name the bags at some point during the day, as I began to miss voices and human interaction. From Thursday forward the crewmembers would have bags known no more as "my bag," but as Bert, Ernie, Bob, Mike, Chicken, and my own bag, Peaseblossom.

The lesson I learned was one better learned sooner than later: the lesson of sitting and doing what is asked of you, getting your reward not in what you've done but in allowing others to feel comfortable and productive in doing their job. Wednesday I was a bird, Thursday a bag watcher, and each was an invaluable piece of the whole experience.

Later that evening I made up for the day's lack of excitement by befriending a group of German students, who invited me to come and listen to music with them throughout the night. My revels allowed for only two hours of sleep, and Friday was a big day. Miraculously, my encounter with new people and the elation of making friends fostered a glowing excitement that kept me bright throughout the day as I worked making pasta for the culminating dinner we would serve our audience in the evening. The pasta was made from various mixtures and shades of red and blue food coloring, representing the blood, or life, flowing within *The Bread Head*.

The Bread Head was the brainchild of Doug, who, aided by Roald, was nailing pieces of the bread to a wooden frame, to form a giant head that he wanted to parade before dinner. It was taking shape in a back corner of the enormous workspace bustling with artists performing at every moment on every surface.

There are two groups in particular that I would like to note: the Samoans and the Kazakhs. The Samoans, in tribal garb, had been doing somewhat alarming performances all week that included spears and quite a bit of tongue sticking. On Friday, however, these men did us the greatest favor we could have received, of putting on a performance in our leftover dough, that in the process, managed to not only be hysterical, but also to clean up our mess. I will forever have dear sentiments toward the Samoan people for producing such charming and charitable characters.

The Kazakhs, who called themselves Kyzl Tractor, were a group of men who wore ceremonial robes made of various bits of scrap cloth dangling with bells and coins, curious little hats, and bore large flat goatskin drums on their backs. The Kazakhs had agreed to help us with our evening performance, in which I was supposed to make a grand entrance down the main stairs of the stage wearing the bird costume, by being my escorts down the stairs, as I simply could not complete the feat on my own.

That arranged, we laid the finished dried pasta out on the dinner tables, where boiling pots of water were waiting for hungry dinner guests to fill them with our toil of the past eleven hours. At this point I confess that I was getting a bit grumpy, as Doug would not bend to my entreaties about the abhorred shoes, my only complaint about the entire costume. In a moment of weakness I finally conceded to my bird feet when Doug appealed to my fondness for flattery, saying: "If anyone can do it, Caroline, it's you." So we agreed that I would put the shoes on when I reached the bottom of the stage, and then begin to lead the parade back to *The Bread Head*.

Eight-thirty finally rolled around, and I, bedecked in my bird costume, flanked by a Kazakh on either side, began my procession down the stairs to a regal techno beat. The audience, whether in shock or wonder I know not, began to applaud at my appearance as my escorts and I emerged from the top of the stairs. I valiantly strove to keep a straight face, singing to myself the words immortalized by Ben Folds Five, "Hello, World, I am a bird..."

Our trek down did not prove the trial I had anticipated, thanks to the trusty Kazakhs. Upon reaching the foot of the stairs, I ceremoniously placed each foot in its appropriate taloned vessel, and began the parade. Doug solemnly invited the audience to rise and follow me as I made my way to the back of the room where *The Bread Head* sat, ready to be presented. At *The Bread Head*, I paused and lordly gazed over the crowd, while eight men from the audience hoisted the head on its platform to their shoulders. At this point my Kazakhs left me and went to join the other members of Kyzl Tractor in a very organic display of drumming about *The Head*, and the audience was called to raise their voices in celebration of the oncoming feast and sacrifice.

At this time my story begins to take a turn for the worse. Left alone to process as the others lingered about *The Head*, with only Matthew, ever snapping away, to look out for me, my baguettes began to fall off. This created an interesting predicament, as I could not regally bend down and move the shoe with four feet of neck teetering above my head, so I wound up kicking the bread every time I took a step, until Matthew finally took pity on me and picked it up. Then, just as I was turning the corner round to the front of the stage again, one of the now naked dowels got caught under the horsehair felt rugs that the Kazakhs had brought as part of their show, and I had to stop, back up with as much dignity as I could muster, redirect my feet, and continue on my voyage, another two baguettes trailing in my sponge-tailed wake.

My next stop was the long table where the pasta was laid out with bowls, forks, boiling water and sauce, and I stood with my arms spread, beckoning the crowds as they paraded forth, bearing the Head, to set it down at the foot of the table. With that, I looked out over all of them, and then at the Head, and with a look that said, "This is good," I departed, fuming.

By the time I'd managed to turn around without impaling anyone, Doug and Mimi had begun to speak of sacrificing *The Head* and inviting the audience to begin their meal, while I was spiraling into the depths of vexation, and the last baguette had fallen off of those ridiculous shoes. I rounded the final corner cursing Doug and his outrageous footwear, and once out of sight, expected to see someone waiting in the back to assist me in getting the confounded costume off, but I was alone. Then, inspiring further rage, one of the dowels broke off and stabbed me in the leg, whereupon I discovered that I was no longer alone. A poor woman who came late to our show had just enough time coming through the door to register the angry Mythical Bird Creature plodding toward her before three of the dowels lodged under the carpet and sent me catapulting to my stomach as I skinned my knee. This woman showed great carriage when she bent over me and, snorting back her laughter, asked me whether I need any help, to which I'm afraid I replied in a fairly surly tone: "NO!" With that she went on her way to the front and I, still prostrate on the floor, triumphantly kicked off the shoes and attempted to stand up.

This did not turn out to be as simple as I had planned, because in my fall the head had fallen off, and the head was tied to me beneath my tail, so when I stood, the head pulled me back down. Virtually in tears, I pulled the head back on, and once again pushed myself off my stomach and in my bare feet marched to the back of the room where I ripped the costume off all by myself and resolved never to wear it again, even if it meant I would miss Saturday's photo shoot. After leaving the costume in a great heap, I stomped to the front where I sat myself on the stage and said nothing to anyone until Doug asked me if I wanted some pasta, and I cantankerously agreed.

Finally, Mimi came to ask me why I was so sullen, whereupon I unloaded my drama of the last few minutes. While I could understand why Mimi was laughing as I spoke, for it is quite hysterical in retrospect, I, bewildered, began to cry, and when Doug came over to inquire as to the source I looked up blearily and said: "I am so mad at you!" I explained my story, and was finally gratified when he said: "Caroline, you were fabulous, and you were right about the shoes."

Mettre en conserve l'éphémère

Preserving the Ephemeral

Quand nous sommes absorbés dans la création d'une image, nous sommes entraînés dans un autre monde qui a sa propre logique, sa propre histoire et sa propre justification, comme le monde imaginaire des jeux d'enfants, où sont abolies les frontières entre ce qui est possible et impossible. Un monde libre du sens commun des adultes.

As we become absorbed in the creation of an image, we are drawn into another world, which has its own logic, its own history, and its own justification, like the imaginary worlds of children's play, where the boundaries between what is possible and impossible are free of adult common sense.

Images
en construction

MIMI / Quand nous sommes absorbés dans la création d'une image, nous sommes entraînés dans un autre monde qui a sa propre logique, sa propre histoire et sa propre justification, comme le monde imaginaire des jeux d'enfants, où sont abolies les frontières entre ce qui est possible et impossible. Un monde libre du sens commun des adultes.

En opposition aux festins de grande envergure, certaines de nos créations furent intimes car l'on souhaitait juste illustrer l'une de nos idées.

C'est comme cela que nous avons passé des heures, à en devenir aveugle, dans une piscine fortement chlorée, à se faire photographier en train de prendre le thé sous l'eau tout habillés.

C'est comme cela que nous nous sommes sentis poussés à fabriquer une table flottante pouvant accueillir vingt-quatre convives à moitié immergés dans l'eau d'une rivière.

C'est comme cela que nous nous sommes confectionné des costumes à partir des restes de pain d'une boulangerie.

C'est comme cela que nous avons construit une "table carcan" pour voir quelles sensations dîner dans un carcan nous procurerait.

C'est comme cela que nous avons taillé et sculpté un champ de maïs en table et en chaises afin de pouvoir y manger du maïs, sur du maïs, au milieu des maïs.

Ces projets sont délicats. Ils sont chronophages et, pour autant que je sache, ils n'ont jamais été réalisés avant. Nous n'avons jamais eu de notice pour savoir comment s'y prendre afin d'atteindre notre objectif. Et c'est cette difficulté intrinsèque qui fait que le projet est orphique, que nous nous y adonnons et que nous sommes satisfaits au final.

DOUG / Il y a quelque chose de profond dans le mystère qui nous pousse à envisager ces choses. La raison, toute simple, est qu'elles nous font délicieusement sentir en vie.

Modifier les conditions habituelles de présentation de la nourriture accroît notre capacité à apprécier l'expérience de nourrir nos corps aussi bien que nos esprits. Quand on tente de dîner sous l'eau, par exemple, on réalise combien il est plus facile de dîner sur la terre ferme. Cela permet également de prendre conscience que l'odeur contribue au goût, puisque l'on ne peut pas sentir les choses sous l'eau sans se noyer. Si le hot dog que l'on s'apprête à dévorer n'est pas tendu à travers une vitre mais présenté sur une assiette en porcelaine blanche sous l'eau, son appréciation s'en trouve altérée. Si l'on mange un tableau, cela rappelle que toute chose mangée est porteuse de sens.

Mimi et moi aimons aussi nous lancer des défis physiques, challenges qui viennent nous rappeler la confiance indispensable aux apprentissages les plus élémentaires, des acquis que nous pratiquons désormais sans même y penser. La confiance est essen-

Expérience dînatoire : Pique-nique / *Experiments in Dining: Picnic*

tielle pour tout ce que nous faisons, cela va du fait de marcher dans la rue à celui de manger un hot dog, mais on a tendance à tenir pour acquise la bonne part de confiance nécessaire à toute une journée. On ne risque pas de passer au travers d'un trottoir ni de mourir empoisonné. On ne risque pas de trébucher ni de mordre dans nos fourchettes, car les actions de marcher et de manger nous sont devenues une seconde nature.

C'est pourquoi nous avons voltigé en trapèze et avons appris à marcher avec des échasses. Marcher avec des échasses est utile car cela ouvre une perspective complètement différente sur la marche elle-même. Quand nous étions petits, il nous était impossible de tenir debout et de faire quelques pas et pourtant nous n'avions pas si peur que ça de tomber. Quand on

monte sur une paire d'échasses, on ne veut pas tomber car on va se blesser. Mais, assez bizarrement, c'est exactement quand on commence à penser à la peur de tomber que le risque de se casser la figure est le plus probable. Marcher avec des échasses rappelle que la peur peut engendrer exactement la situation que l'on craint le plus, alors que la confiance peut mener à la liberté.

Mimi et moi avons appris à nous faire confiance de bien des façons. Nous nous défions l'un l'autre pour pousser un peu plus loin un acte que l'un de nous, isolé, aurait pu considérer comme suffisamment abouti. Parfois, cette méthode nous conduit à faire des bêtises, et nous tentons joyeusement quelque chose qui se révèle être impossible. En attendant, l'aventure requiert la foi, et cette foi intensifie la qualité du quotidien.

Étude de table pour repas contraint / *Plan for stockade table*

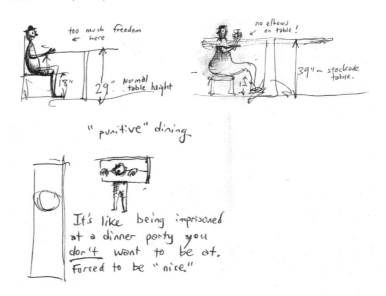

too much freedom
← here

18" 29" Normal
table height

no elbows
← on table!

12"

39" ~ stockade
table.

"punitive" dining

It's like being imprisoned
at a dinner party you
don't want to be at.
Forced to be "nice."

Expérience dînatoire : Table carcan et punitive / *Experiments in Dining: Punitive Dining*

Expérience dînatoire : Dîner volant pour mets tombant du ciel
Experiments in Dining: Flying Diners

Expérience dînatoire : Partie de thé sous l'eau / *Experiments in Dining: Underwater Tea Party*

On constructing images

MIMI/ As we become absorbed in the creation of an image, we are drawn into another world, which has its own logic, its own history, and its own justification, like the imaginary worlds of children's play, where the boundaries between what is possible and impossible are free of adult common sense.

Some of these were private explorations, as opposed to large-scale feasts, where we felt like illustrating an idea just because we had it.

We spent hours going blind in a heavily chlorinated swimming pool, photographing ourselves having an underwater tea party, fully clothed. We felt compelled to make a floating table so that twenty-four half-submerged guests could dine while floating on a river. We made clothes for ourselves from the discarded loaves of a bakery. We made a stockade table to see how dining in stocks might feel (and look). We carved a table and chairs out of a cornfield, so that we could eat corn, on corn, in corn.

These projects are difficult and time-consuming. To the best of our knowledge, they have not been done before, so we never have a blueprint of how to go about what we are doing. And the inherent difficulty has been part of what makes them Orphic, part of what draws us to them and satisfies us in the end.

DOUG/ There is something profound about the mystery of why we would even consider doing these things. The reason is they make us feel so delightfully alive.

Shifting the conditions traditionally used to present food enhances our ability to appreciate the experience of refueling our bodies as well as our minds. When you attempt to dine underwater, you realize how much easier it is to eat on land! You also realize how much the sense of smell contributes to taste, since you cannot smell things underwater without drowning. If the hot dog you are about to devour is not handed to you through a window at a drive-through, but rather presented to you on white porcelain underwater, your appreciation of the hot dog is likely to be altered. Eating a painting reminds you how everything you eat has significance.

Mimi and I also like doing physically challenging things that remind us how much trust was required to learn to do the most basic things we now do without thinking. Trust is essential to everything we do, from walking down the street to eating a hot dog, but we tend to take for granted most of the trust required to get through a day. We tend not to fall through the sidewalk or die of food poisoning. We also tend not to trip over ourselves, or bite into our forks, because walking and eating have become second nature to us.

That is why we got on the trapeze and learned to walk on stilts. Stiltwalking gives you a totally different perspective on walking. When we were very little, it was impossible to stand up and walk around, but we were also not afraid to fall down. When you get up on a pair of stilts, you don't want to fall down because you will get hurt. But funnily enough, it is exactly when you start to think about your fear of falling that you are most likely to fall! Otherwise, your body does its own balancing – its own work. Walking on stilts reminds you that your fears may lead you to create exactly the situation you fear most, while trust can lead to freedom.

Mimi and I have learned to trust one another in many ways. We challenge each other to go a little farther with something than either of us might separately have presumed was far enough. Sometimes we get into trouble, blithely attempting something that turns out to be impossible. Meanwhile, the expedition requires faith, and that faith intensifies the quality of everyday experience.

Pays de Cocagne
Land of Cockaigne

Dans le *Pays de Cocagne* de Brueghel, un cochon court un couteau planté dans le flanc, des tartes sur le toit d'une maison tombent dans la bouche ouverte d'un soldat, et trois gros personnages sont étendus bouche bée sous une table chargée de victuailles. Nous décidâmes de reproduire ce tableau car nous avions le sentiment de vivre dans une sorte de *Pays de Cocagne*.

In Breughel's Land of Cockaigne, *a pig runs by with a knife in his flank; pies on the roof of the house fall into a soldier's open mouth; and three very fat people lie in a stupor underneath a table laden with food. We decided to recreate the Breughel's painting because we felt that we live in a kind of* Land of Cockaigne *today.*

Tombé du ciel

MIMI / Cocagne était un mythe moyenâgeux très répandu dans les traditions orales de l'Europe de l'Est, un pays où le travail était interdit, où les cochons accouraient pour être égorgés, où les toits étaient recouverts de crêpes et les rivières emplies de lait sucré. Il y grêlait des dragées et y pleuvait du sucre glace, et les tempêtes apportaient une délicieuse odeur de violette en hiver.

Pour y accéder, il fallait traverser une montagne de pâte à pain en l'engloutissant. Cocagne était le paradis de l'homme pauvre où point n'était besoin de travailler pour manger. Cela parlait de la lutte quotidienne pour survivre et du besoin d'une compensation imaginaire quand la faim vous gagnait. Cela exprimait l'obsession de manger, un genre de conte tiré par les cheveux sur la nourriture et le plaisir.

Dans le *Pays de Cocagne* de Brueghel, un cochon court un couteau planté dans le flanc, des tartes sur le toit d'une maison tombent dans la bouche ouverte d'un soldat, et trois gros personnages sont étendus bouche bée sous une table chargée de victuailles. Nous décidâmes de reproduire ce tableau car nous avions le sentiment de vivre dans une sorte de *Pays de Cocagne*, ici, aux États-Unis, n'ayant pas à travailler aussi dur qu'à l'époque pour manger. Nous n'avons pas à nourrir et abattre le bétail pour manger ou à traire une vache avant de prendre notre petit déjeuner. Nous voulions insister sur la séparation entre nos vies et le travail manuel que nous n'avons plus à mener. Nous nous sommes éloignés de la production de la nourriture ; les blancs de poulet arrivent tout emballés dans les rayons du supermarché et nous ne nous figurons plus d'où ils viennent, pas plus qu'ils proviennent d'un animal vivant.

Tuer (ou ne pas tuer) un poulet

Pour *Land of Cockaigne,* nous avions envie de voir si nous étions capables de faire ce qu'il faut pour tuer un poulet, le plumer, le vider et le préparer pour le dîner. Au marché de Peyrehorade, à côté de Sorde[24], on peut acheter des poulets, des lapins et des canards vivants. Les gens ont ainsi la garantie d'avoir une viande toujours fraîche. La dame à qui j'avais acheté ma maison achetait toujours à quatre-vingts ans son poulet vivant, le rapportait chez elle et le préparait elle-même pour déjeuner. On acheta donc trois poulets et on les laissa un moment glousser dans la cour.

Nous voulions faire quelques photos d'eux et avions dans l'idée de pouvoir en empailler un pour l'utiliser ensuite lors d'une exposition. On pensait que cela pourrait être l'occasion d'essayer de les tuer nous-mêmes, de comprendre ce que cela nous ferait. Mais je ne pus le faire. Doug tenta également mais il ne put lui

Collation Brueghelienne : poulet avec couteau s'offrant à dîner
Brueghel's supper: a chicken offers itself for dinner in Cockaigne

non plus, d'autant qu'on essayait de trouver un moyen de le tuer tout en conservant le corps intact pour le taxidermiste.

Ce fut désagréable et pour lui et pour moi. Au final, comme nous ne pouvions pas garder ces poulets, on les emmena dans un champ et on les laissa partir. Ils furent probablement mangés par des renards, on se dit que c'était au moins une mort naturelle et que nous n'étions pas ceux qui avaient réellement donné la mort.

DOUG / On s'était dégonflés.

M / L'année suivante, on décida qu'on voulait qu'un poulet fasse partie de notre installation pour l'exposition *Happiness in Cockaigne* à Tokyo. On acheta donc un autre poulet et on l'emmena chez un taxidermiste. Le taxidermiste lui coupa le cou sans cérémonie, le mit au-dessus d'un évier et ce fut tout. Il l'empailla pour nous et mit un couteau en travers du corps en référence au cochon du tableau de Brueghel.

Nap in the Land of Cockaigne[25]

MIMI & DOUG / Élodie Besse, une directrice artistique intéressée par le fait de sortir l'art de son milieu naturel, était fascinée par notre photo *Cosmic picnic* qu'elle utilisa pour une exposition intitulée *De la terre à la bouche*. Cette image lui permit d'illustrer son exposition et, par la suite, elle nous demanda de participer à sa prochaine manifestation sur le thème de la sieste. Pour le parc de Champagne de Reims, elle invita plusieurs artistes à créer des sculptures et des installations extérieures qui devraient entraîner les visiteurs à succomber aux effets secondaires de la boisson et de la digestion en piquant un petit roupillon dans un artistique et innovant petit refuge.

Cela n'avait rien à voir avec tout ce que l'on avait fait auparavant, et cela n'avait rien à voir avec la nourriture, mais c'était une occasion de voyager et de travailler dans une charmante ville historique et de créer quelque chose de conçu pour faciliter une expérience multisensorielle. Notre installation inviterait le public à se prélasser sur une montagne de pâte à pain, à y admirer le ciel et à y faire la sieste au milieu de l'élégance bucolique du parc de Champagne.

Il s'agissait de faire référence au tableau de Brueghel et de le réinterpréter. Ce pays mythique était uniquement accessible à ceux qui s'y frayaient un chemin en mangeant une montagne de pâte, prouvant ainsi qu'ils étaient dignes d'une vie oisive faite de plaisir. Les protagonistes y font la sieste, exhibant leur rondouillarde bedaine à la peau bien tendue par les excès. Et, dans le coin supérieur droit, une petite silhouette s'extirpe d'une montagne, qui, après examen, présente la texture d'une pâte fermentée.

Notre installation se voulait incongrue au milieu du paysage avec ces deux gargantuesques marshmallows qui écumaient et se gonflaient en un monticule dégobillant sur le gazon. Une fois étendu sur ce tas moelleux et blanc, on se retrouvait au milieu d'un paysage curieusement dépourvu d'échelle de mesure. On étaits ou bien l'habitant d'un monde microscopique ou bien un géant reposant sur une petite montagne.

Quelle meilleure manière pour attirer le marcheur et l'entraîner à sombrer au royaume de la rêvasserie insouciante…

Montagne de pâte de pain / *A mountain of bread dough*

"In the Big Rock Candy Mountains
all the cops have wooden legs
and the bulldogs all have rubber teeth
and the hens lay soft-boiled eggs"

MIMI/ Cockaigne was a medieval fantasy land prevalent throughout the oral traditions of Middle Europe, a place where work was forbidden, where pigs came running to be slaughtered, where roofs were tiled with pancakes and rivers flowed with sweet milk. In Cockaigne, it hailed sugared almonds and snowed powdered sugar, and storms brought the delicious smells of violets in winter.

Cockaigne was a poor man's heaven, where you didn't need to work to eat. It spoke to the daily struggle for survival, a total obsession with eating. This far-fetched fantasy about food and pleasure expressed the need for imaginative compensation when you are hungry.

In Breughel's *Land of Cockaigne,* a pig runs by with a knife in his flank; pies on the roof of the house fall into a soldier's open mouth; and three very fat people lie in a stupor underneath a table laden with food. We decided to recreate the Breughel's painting because we felt that we live in a kind of *Land of Cockaigne* here in the United States: we don't have to labor to eat the way they did in earlier times. We don't have to feed or slaughter livestock in order to be fed, or milk a cow before we can have breakfast. We are removed from the production of food. Chicken breasts arrive wrapped in Saran wrap at the supermarket, and we have no sense of where they came from, or even that they came from a live beast.

On (not) killing a chicken

For the *Land of Cockaigne,* we were interested in seeing if we could slaughter a chicken and pluck, clean, and prepare it for dinner. You can buy live chickens and live bunny rabbits and live ducks at the market in Peyrehorade, right next to Sorde. The market's customers like knowing that their meat is very fresh. (The lady I bought my house from was still, at the age of 80, buying a live chicken and preparing it herself for lunch.) We purchased three chickens, and had them clucking around in our backyard for a while.

We wanted to take photographs of them, and thought we could stuff one of them and use it in an exhibition. This was a chance to try killing them ourselves, to understand what that felt like. But then I couldn't do it, and Doug started to, but he couldn't either, especially because we were trying to find a way to kill the chicken while preserving the body intact for the taxidermist. It was unpleasant for him and unpleasant for me. In the end, since we couldn't keep these chickens, we took them to the field and let them go. They most likely got eaten by foxes which, we reasoned, was at least a natural death – but we weren't the ones who actually did the killling.

DOUG/ We wimped out.

M/ The following year we needed a chicken for the installation in our *Happiness in Cockaigne* show in Tokyo, so we bought another chicken and took him to the taxidermist, who unceremoniously slit its neck and put him in the sink – and that was that. He stuffed it for us, with a knife going through the body, a reference to the pig with the knife in the Breughel's painting.

Nap in the land of Cockaigne

MIMI & DOUG/ Élodie Besse, a curator interested in placing art in contexts beyond the art world, was captivated by our *Cosmic Picnic* image and used it for an exhibit called *From Earth to Mouth*. The image

helped her frame her show successfully, and she asked us to participate in her exhibit about "napping." She invited several artists to create outdoor sculptures/installations in a public garden in Reims, which would entice the visitors to succumb to the effects of a bibulous (this was Champagne country) lunch (hic) and snooze in an innovative artist-designed nook. This was unlike anything that we had done before, and had nothing to do with dining, but it was an opportunity to work in a beautiful, history-laden city, and create something designed to facilitate a multi-sensory experience. Our installation would invite the public to flop onto a mountain of dough, gaze up at the sky and nap in the bucolic elegance of the *Parc de Champagne*.

This was a reference to Breughel's painting, *Land of Cockaigne*, and our earlier reinterpretation thereof. The mythical land is only accessible to those who can eat their way through a mountain of dough, thus proving themselves worthy of a life of leisure. The protagonists of the painting are napping, their full bellies stretched round from overindulgence. And in the upper right-hand corner, a small figure is squeezing through a mountain, which has the texture of fermenting dough.

Our installation was intended to be incongruous with the landscape: two gargantuan marshmallows, which foamed and puffed into a single mound and spewed onto the lawn. Once you stretched out on the soft white mound, you were in a landscape that was curiously devoid of scale. You were either inhabiting a microscopic world or you were a giant reclining on a mountain.

What better way to entice a visitor to fall into a realm of carefree daydreaming...

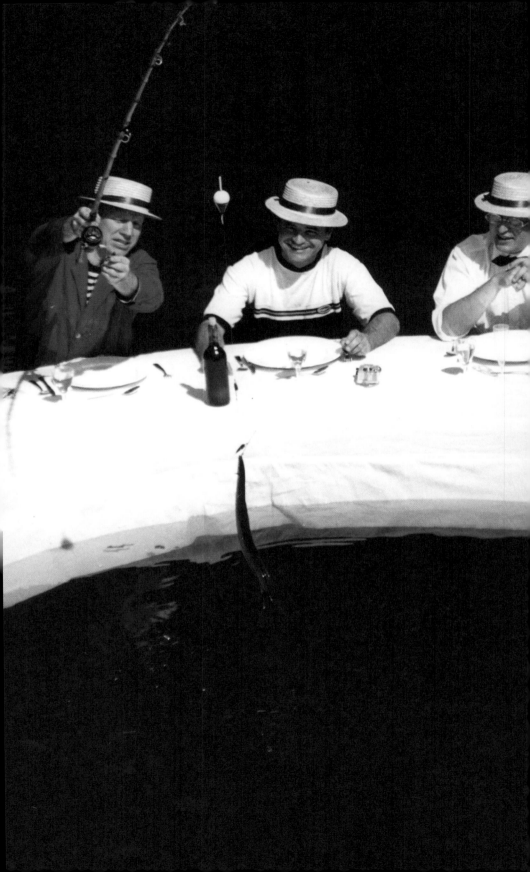

Île flottante,
déjeuner sur l'eau

Île Flottante

Quand on s'engage à faire quelque chose qui, à l'origine, semble absurde, comme bâtir une île flottante pour un dîner, uniquement pour matérialiser le nom du dessert *île flottante*, cela devient de la recherche artistique de base.

When you commit yourself to a thing that might initially seem absurd, like building a floating island to dine on simply because it physicalizes the name of the dessert île flottante, *you embark on basic research in the arts.*

Aucun homme n'est une île

DOUG / Je me suis toujours obligé à faire des choses ayant une fonction spécifique, comme une chaise ou une table, puis à utiliser cette fonction comme le point de départ pour exprimer une autre idée.

J'aime lorsque la fonction apparente d'une chose est chamboulée sans compromettre son utilité première. Mimi partage cette délectation de l'absurde car cela vous force à penser à ce que les choses seraient si elles n'étaient pas simplement ce qu'elles sont devenues pour des raisons qui sont souvent le fruit du hasard.

Nous aimons tous les deux les jeux de mots[26-27] pour la simple raison qu'ils

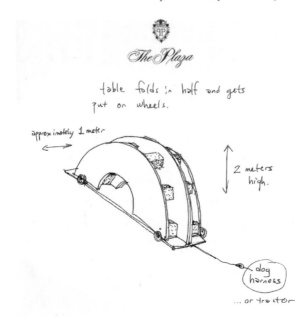

sont un moyen amusant pour relier des choses qui n'ont d'autres liens que leur homophonie. Réalisant combien ces liaisons hasardeuses étaient en fait connectées, nous en avons souvent surpris.

Plus on se focalise sur une suite de choses en apparence sans lien, si fortuite qu'elle puisse paraître, plus on commence à se rendre compte combien chacune est en lien avec toutes les autres. Chaque chose imaginable est connectée par l'imagination, et le processus pour aller d'un point à un autre est plus intéressant quand on essaie de réunir des points qui auraient pu autrement sembler plutôt disparates. Quand on s'engage à faire quelque chose qui, à l'origine, semble absurde, comme bâtir une île flottante pour un dîner, uniquement pour matérialiser le nom du dessert *île flottante,* cela devient de la recherche artistique de base.

Il faut résoudre des problèmes inimaginables, qui conduisent à d'autres idées, et on commence à réaliser que rien n'est isolé (isolé signifiant sur une île, après tout), nos pensées attribuent constamment un sens aux éléments qui nous sont donnés. Cette logique peut bien entendu être bonne ou mauvaise. Les habitants de Sorde, où nous avions réalisé la *Baguette énorme en gala,* ont assemblé les pièces du puzzle que nous leur avions fournies et sont arrivés à la conclusion que nous formions une secte. D'une certaine façon, être une secte faisait

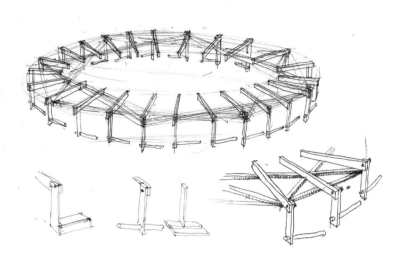

Études pour la construction d'une table flottante, dessin sur une serviette en papier
Sketches for a floating table, drawn on a napkin

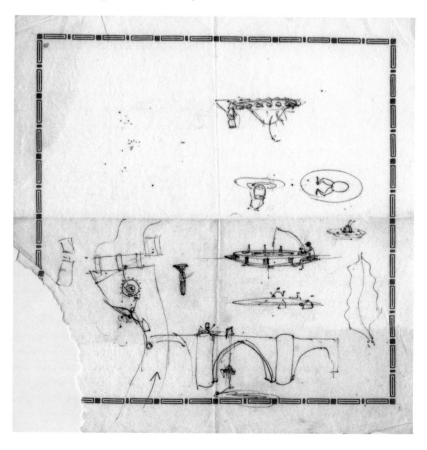

peut-être plus sens que la vérité, qui, au demeurant, était plus difficile à expliquer.

L'Île flottante, comme la plupart des *Orphic Feasts,* impliqua des dizaines de collaborateurs. J'ai toujours aimé la collaboration. J'aime la camaraderie qui se développe quand on travaille ensemble sur un projet avec toutes sortes de gens. Un projet commun crée un monde à lui seul, un microcosme du monde réel, où chacun peut clairement se sentir investi dans son développement, son processus, sa mission.

Typiquement, une *Orphic Feast* requiert un travail fastidieux, ce qui signifie des tas de gens assis à faire des travaux manuels, comme sculpter des ustensiles en bambou, remplir des œufs d'autruche avec de la pâte ou ramasser des centaines de petits cailloux bien ronds. Dans ces moments-là, il y a beaucoup de liens, de communication, et de partages d'expériences : une richesse se développe, très différente de celle qui se produit quand on travaille seul.

Quand les granges étaient construites et les raisins vendangés, quand le maïs était ramassé par toute la communauté et que les couvertures en patchwork étaient cousues main à plusieurs et les fêtes montées

de toutes pièces, le travail en commun était un fait de la vie. Aujourd'hui, aux États-Unis, la communauté tend plutôt à se créer sur Internet que dans le hall d'une grange, et les fêtes de villages ne sont plus très fréquentes. Les *Orphic Feasts* parlent d'un appétit insatiable pour les traditions perdues qui célébraient la vie avec l'ensemble de la communauté.

Un jour, Mimi et moi étions en France ensemble pendant la récolte annuelle du maïs (dans le sud-ouest de la France, nombreuses sont les personnes, notamment les plus âgées, qui ne mangent pas de maïs, le maïs étant la nourriture réservée aux poules et aux canards. Les grands-mères s'offusquent de voir la salade arriver avec des petits morceaux jaunes et, l'été, personne ne rêve de manger un épi de maïs). La récolte était faite à la main, à l'ancienne, par des gens de tous âges qui cueillaient les épis puis les jetaient dans des paniers vannés. Ensuite, tout le monde était invité à apporter quatre œufs[28-29] dans le hangar de la vieille grange où nous nous asseyions tous en rond, épluchant, papotant et regardant la pile de fourrage se transformer en une petite montagne, avec la satisfaction unique que l'on res-

Mise à l'eau de la table / *Launching the table*

Dressage de la table / *Setting the table*

sent quand on a travaillé de ses mains en compagnie d'autres êtres humains. Les œufs collectés furent battus en omelette par les petites mamies du village, et tout le monde participa à ce banquet qui ponctuait l'année d'une façon spéciale.

C'est amusant d'imaginer comment une tradition a pu commencer. Quelqu'un fait quelque chose d'inoubliable, les gens veulent renouveler l'expérience et ainsi naît la tradition. Imaginons qu'un paysan fasse pousser trop de courges un été et décide de fabriquer une petite maison avec cette surproduction. Peut-être que sa femme a un vieux tablier hors d'usage et qu'elle l'accroche à l'entrée de la maison en courge pour en faire un rideau. Ils invitent alors leurs amis à venir y jeter un œil. Ayant soudain la permission de s'engager dans une créativité inutile et désinhibée, les autres fermiers apportent le surplus de leur récolte de courges et en font des personnages, des voitures et des meubles branlants dans une frénésie d'inventivité spontanée. Puis tout le monde apporte à manger, se régale, boit un peu trop, danse autour de la maison, tombe et commence à sauter dessus jusqu'à ce que cela devienne un gros tas de courges dans lequel tout le monde se roule. Puis chacun repart chez soi, redécouvre amoureusement son partenaire et se réveille le lendemain étrangement rajeuni. Puisque c'est si nouveau et si rigolo, le paysan sent qu'il lui faudra cultiver suffisamment de courges l'année suivante pour qu'ils puissent le faire à nouveau. Et chaque année, la maison en courge arbore un rideau-tablier car c'est la tradition ! Une fois que la tradi-

tion perdure, ses raisons d'être deviennent souvent secondaires.

C'est un fait qu'il y a une tradition à maintenir qui accorde la permission à ses praticiens de faire des choses qu'ils n'auraient jamais faites autrement. Alors pourquoi ne pas créer des traditions ?

J'avais une petite fabrique de meubles et d'objets artisanaux aux Philippines. Tous les ans en janvier, il y a un grand carnaval comme mardi gras, où tous les voisins se rassemblent, dansent et font de la musique, créent des costumes élaborés et défilent en ville. La mise en œuvre de toutes ces performances requiert un investisse-

ment énorme de la part des participants et puis, soudain, c'est déjà fini. Ce carnaval ne crée pas d'emplois pas plus qu'il ne rend plus fort en maths ou en orthographe. Il n'y a pas de produit final à vendre pour booster l'économie. Bien au contraire, cela coûte de l'argent et prend de l'énergie. Les gens travaillent jusqu'à l'épuisement, se poussant à faire des choses qu'ils n'ont jamais faites auparavant : mettre en œuvre une coiffure qui semble impossible à réaliser, ou développer un nouvel instrument en bambou. Mon expérience m'amène à croire que cette activité purement créative dispose les gens à mieux vivre leur vie. Des communautés différentes travaillent ensemble et, parce qu'une partie fait quelque chose que les autres savent apprécier, une plus grande communauté se lie. Chacun reconnaît et apprécie ce qu'implique de réaliser ces offrandes festives.

Je me souviens de l'impression de catharsis collective qui résulte de ces carnavals, comme si la seule raison d'être était de faire jaillir l'âme universelle et de rajeunir le lien de parenté originel de l'humanité.

No Man is an Island

DOUG / I have always felt compelled to make things that have a specific function, like a chair or a table, but to use that function as the point of departure for expressing another idea.

I am happy when the apparent function of a thing is subverted without compromising the thing's actual usefulness. Mimi shares this delight in absurdity, because it forces you to think about how things might be if they weren't simply the way they have become – for reasons that are often happenstance anyway.

We both like puns (the whole *Île Flottante* project was a series of verbal puns translated into physical objects) for the simple reason that puns are a funny way to connect things that have no other connection beyond the sound of words that evolved to represent them linguistically. Yet these chance connections often surprise us into realizing how connected things are.

The more you focus on a collection of seemingly unrelated things, no matter how random it might seem, the more you begin to recognize how each one is connected to everything else. Everything imaginable is connected by the imagination. The process of getting from one point to another is more interesting when you try to connect dots that might otherwise seem disparate.

When you commit yourself to a thing that might initially seem absurd, like building a floating island to dine on simply because it physicalizes the name of the dessert *île flottante*, you embark on basic research in the arts.

You have to solve unimaginable problems that lead to other ideas... and you begin to realize nothing is isolated (isolated meaning *on an island*, after all) – our minds constantly make sense of the pieces we've been given.

This sense-making can be both good and bad, of course. The folks in the little village in France where we did the *Baguette Énorme en Gala* put together the pieces we provided and came up with the solution that we were a cult. (We could understand how the witch-hunts happened!) Being a cult might even make more sense than the truth, which was rather more difficult to explain.

Île Flottante, like almost all Orphic Feasts, involved dozens of collaborators. I have always enjoyed the camaraderie that develops when you work on a project together with different kinds of people. A collaborative project creates a little world unto itself – a microcosm of the real world, one where everyone can clearly feel vested in its development, its process and its mission.

Typically, an Orphic Feast requires a lot of tedious work, which means a bunch of people sitting around and doing manual labor like carving bamboo utensils or filling ostrich eggs with batter or gathering hundreds of small round rocks. During these moments, there's a lot of bonding and communicating and sharing of experiences: a whole richness develops that is very different from what happens when you work on something alone.

Working together used to be a fact of life, when barns were raised and grapes were stomped on, when corn was harvested by the whole community and quilts were stitched at "bees" and festivals were handmade. Today in America, community is more likely to be developed online than in a grange hall, and town festivals are no longer common. Orphic Feasts speak to a craving for the fading tradition of a certain kind of communal celebration of life.

Once, Mimi and I were in France together during an annual communal corn harvest. (In France many people, especially the older generation, do not eat corn. They regard corn as chicken feed. Grandmothers are outraged if the salad arrives with little yellow bits, and they would never dream of eating corn on the cob.) The corn harvest was done by hand in the old way, with people of all ages twisting off ears of corn and tossing them into woven chestnut baskets. Later, everyone was invited to bring four eggs to the old grange hall, where we all sat around husking and chatting and watching the pile of fodder grow into a little mountain and feeling the unique satisfaction that comes from doing work by hand together with other human beings. The eggs were collected and turned into omelettes by the little old ladies of the town and everyone had a restorative little feast, punctuating the year in a particular, special way.

It is funny to imagine how a tradition might begin. Somebody makes something memorable, people want to experience it again, and a tradition is born. Perhaps a farmer grows too many zucchinis one summer and decides to make a little house out of the surplus. Perhaps his wife has an old apron that is no longer functional and ties it to the entrance of the zucchini house as a little curtain. They invite their friends over to take a look. Having suddenly been granted permission to engage in uninhibited pointless creativity, the other farmers bring over their excess squash harvest and make little squash people and squash cars and crazy squash furniture in a frenzy of spontaneous inventiveness. Then everyone brings over food and feasts and drinks a little too much and dances around, then falls over on the house, starts jumping on it until it becomes a big squashy mess with everyone rolling around in it. Then everyone goes home, falls in love all over again with their partners and wakes up strangely rejuvenated.

Because it was so novel and so much fun, the farmer feels he has to grow enough zucchini so they can do it again the next year. And every year, the zucchini house sports an apron curtain – because it's traditional! Once a tradition has been maintained, its reasons for being often become secondary. The fact that there is a tradition to uphold grants its practitioners permission to do things they might not otherwise do. So why not create traditions?

I used to have a business making furniture and handcrafted objects in the Philippines. Every January, there is a big Mardi-Gras like festival where different neighborhoods get together, practice dances and music-making, create elaborate costumes and march through town. Putting together these performances requires an enormous commitment from the participants and suddenly, it's all over. The festival does not produce jobs, nor does it make people better at math or spelling. There is no end product for sale to boost the economy. On the contrary, it costs money and takes energy. People work themselves to exhaustion, pushing themselves to do things they have never done before: engineering a headdress that might seem impossible to negotiate or developing a new bamboo instrument. But my experience there leads me to believe that this purely creative activity makes people better at living life. Separate communities practice working together, and because one part of the whole is doing something the other parts can appreciate, the larger community feels connected. Everyone recognizes and appreciates what it takes to make this celebrative offering. I remember the feeling of collective catharsis that resulted from these festivals, as if the whole reason for its being was to tap into the universal soul and rejuvenate a basic human connectedness.

Luau basquaise de Bum-Bum

Luau Basquaise de Bum-Bum

Bum-Bum est une île où tout va à l'envers : les gens naissent pleins de sagesse avec les contraintes qui en résultent parfois, et tandis que la vie avance, ils recherchent la liberté et l'innocence de l'enfance.

On the island of Bum-Bum *everything goes backwards: people are born with wisdom and the constraint that can sometimes come with wisdom, and as life evolves they seek the freedom and innocence of childhood.*

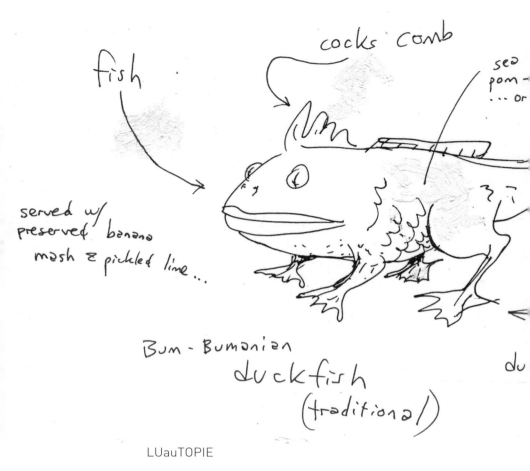

fish

cocks comb

sea
pom —
... or

served w/
preserved banana
mash & pickled lime ...

Bum - Bumanian
duckfish
(traditional)

du

LUauTOPIE

DOUG / Un jour de pluie à Tokyo, Mimi et moi nous baladions dans l'extraordinaire supermarché d'un des plus grands magasins japonais. Les rayons étaient remplis de choses que nous n'avions jamais vues auparavant et dont la façon de les préparer nous était totalement inconnue : crustacés biscornus, tubercules bizarres, pâtés blanc crème (qui se révélèrent être des sacs de sperme de morue), sortes de minuscules crevettes séchées qui ressemblaient à du parmesan râpé, petits boules gonflées et spongieuses.

Curieux d'en tester quelques-uns mais un peu dépassés quant à savoir par où commencer, nous décidâmes d'inventer la cuisine traditionnelle d'un endroit imaginaire afin de poser une série de paramètres qui nous permettraient de décider quoi nous procurer. On imagina ce à quoi pourrait ressembler un dîner typique dans une de ces îles du Sud-Pacifique (peut-être un atoll) où des marins seraient arrivés de l'Ouest (d'un pays comme le nôtre), apportant avec eux certaines idées, comme les pâtes, par exemple, ou la béchamel. Tandis que nous déambulions dans les allées du supermarché, on aurait pu dire : "Ceci (prenant une chose complètement inconnue) est habituellement trempé dans cela (liquide aussi inconnu) et cuisiné jusqu'à ce qu'il devienne tendre. Un jour, des pirates italiens auraient échoué tout près et offert leur dernière meule de parmesan, un cadeau destiné à décourager les autochtones de les manger. Les insulaires auraient ainsi développé un goût pour les mets étrangers qu'ils essaieraient ensuite de recréer en utilisant les ingrédients locaux, comme ceux-ci (petites crevettes séchées en saumure)."

C'était tellement drôle. Et c'était une merveilleuse excuse pour essayer des choses
que nous n'aurions jamais faites autrement, aussi avons-nous approfondi l'idée
d'inventer une culture traditionnelle à
ce qui allait devenir le *Luau basquaise de
Bum-Bum*[30-31].

Pour le *Luau*, on invita des collaborateurs
afin de nous aider à imaginer le festin. Le
principe était que les gens du lieu imaginé à Tokyo (baptisé *Bum-Bum*) avaient
essayé de naviguer vers l'Europe où ils
avaient échoué quelque part sur la côte
basque. Désirant ardemment retrouver
certaines saveurs de leur pays d'origine,
ils avaient été contraints de les recréer en
utilisant des ingrédients occidentaux. Pour
"recréer" un festin traditionnel, il allait
falloir inventer toute la panoplie qui va
avec : des colliers ingénieux intégrant

Recherches pour un repas traditionnel bum-bumien
Inventing a traditional Bum-Bumanian meal

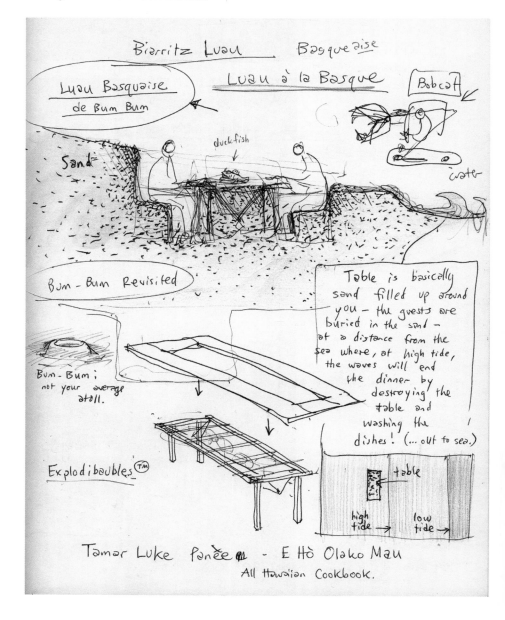

Biarritz Luau . Basquease

Luau à la Basque

Luau Basquaise
de Bum Bum

Bobcat

Sand

duckfish

water

Bum-Bum Revisited

Table is basically sand filled up around you — the guests are buried in the sand — at a distance from the sea where, at high tide, the waves will end the dinner by destroying the table and washing the dishes! (... out to sea.)

Bum-Bum;
not your average atoll.

Explodibaubles ™

table

high tide → low tide →

Tamar Luke Panée ₥ - E Hò Olako Mau
All Hawaiian Cookbook.

Préparatifs du repas
Preparing the feast

plusieurs épices et de l'ail (pour protéger celui qui le porte des mauvais esprits de l'océan) et du sel de mer aromatisé (pour assaisonner la nourriture), et également des couverts sculptés dans du bambou, conçus pour atteindre l'autre côté de la table et piquer dans l'assiette du voisin (dans les festins traditionnels bumbumiens, piquer dans l'assiette du voisin est considéré comme poli).

Bum-Bum est une île où tout va à l'envers : les gens naissent pleins de sagesse avec les contraintes qui en résultent parfois, et tandis que la vie avance, ils recherchent la liberté et l'innocence de l'enfance.

Duckfish à la Bum-Bum

An Atoll in Utopia

DOUG / One rainy day in Tokyo, Mimi and I found ourselves wandering around the extraordinary basement supermarket of one of Japan's great department stores, which was filled with things we had never seen before and had no idea how to prepare: oddly-shaped crustaceans, bizarre-looking tubers, creamy white blobs that turned out to be cod sperm sacks, minute shrimp-like creatures that had been dried into what looked like grated parmesan cheese, spongy little puff balls.

Curious, but a little overwhelmed about where to start, we decided to invent a "traditional" cuisine from a non-existent place in order to develop a set of parameters so we could decide what to procure. We imagined what might be a typical dinner from some island somewhere in the South Pacific – perhaps an atoll – where sailors might have come from western countries (such as our own), bringing certain ideas with them, like pasta, for example, or *béchamel* sauce. As we walked around the supermarket we would say: "This (picking up some totally unknown item) is usually soaked in this (unknown liquid) and cooked until it is tender. Once, Italian pirates had shipwrecked nearby, offering their last round of Parmesan cheese to the natives as a gift to discourage an otherwise possibly cannibalistic outcome. The islanders developed a taste for the foreign delicacy (the cheese, not the foreigners) which they then tried to recreate using local ingredients such as these (tiny dried brine shrimps)."

This was so much fun, and provided a delightful excuse to try things we never would have otherwise, so we expanded the notion of inventing traditional culture into what became the *Luau Basquaise de Bum-Bum*.

For the *Luau*, we invited collaborators to help us imagine the traditional feast of a whole non-existent culture. The premise was that the folks from the place we had imagined (which we had started to refer to as *Bum-Bum*) had shipwrecked somewhere on the Basque coast. Craving certain flavors from their native land, they were forced to recreate them using western foods. To "recreate" a traditional feast, it would be necessary to build all the accoutrements for feasting. Necklaces evolved, with various spices attached and garlic (to protect the wearer from oceanic dark spirits), and flavored sea salt (to season the food), as well as hand-carved bamboo utensils designed to reach across the table and take something off a neighbor's plate. (Taking things from each other's plates is considered polite in traditional Bum-Bumanian feasts.)

On the island of *Bum-Bum* everything goes backwards: people are born with wisdom and the constraint that can sometimes come with wisdom, and as life evolves they seek the freedom and innocence of childhood.

Waiters wear napkin slippers to walk on table - (like mormons in the temple)

table cloth descends down stairs

metal rods

table slides out, waiters walk on table serving essences.

pillows inside; people stand up outside

Blowgistics

Blower

essence

Faire confiance au processus

Trusting the Process

Après toutes ces années à réaliser des *Orphic Feasts*, j'avais appris que, tôt ou tard, on finit toujours par y arriver, par trouver une bonne façon pour exprimer une idée quelle qu'elle soit même si une partie de l'événement peut toujours nous échapper.

I've learned after many years of doing these Orphic Feasts that sooner or later it becomes a question of trusting that it will work out, that there will be a right way for us to express an idea, even if some part of the event will always be out of our control.

Laisser faire et laisser Dieu

MIMI / *Dining Haul*[32] était une exposition collective produite par Alisoun Meehan et à laquelle nous avions déjà participé en exposant nos tableaux de pâtes. Pour cette seconde édition, elle avait loué pour la journée une douzaine de camions de boucherie frigorifiés pour la journée, chaque camion présentant le travail d'un artiste utilisant la nourriture comme moyen d'expression.

C'était une expo guérilla : Alisoun l'avait proposée à plusieurs galeries qui l'avaient toutes refusée ; d'où sa décision de louer des camions et de les stationner sur la 24e rue à Chelsea, en face des principales galeries d'art contemporain et d'y exposer malgré tout.

La deuxième édition de *Dining Haul* prévue le 15 septembre 2001, soit le week-end qui suivait juste les attentats du 11 Septembre, fut évidemment annulée.

Beaucoup d'entre nous se demandaient ce qu'on entendait par travailler, travailler dans l'art et, dans notre cas, travailler artistiquement avec de la nourriture. Cela paraissait tellement hors de propos quelques jours après le 11 Septembre. Dans des moments comme celui-ci, on se pose des questions sur la moindre chose que l'on fait. Tous les artistes impliqués décidèrent que nous ne devions pas abandonner complètement l'exposition. D'une certaine manière, le fait que nous ayons un endroit où exposer notre travail, un contexte et une date limite nous offrait une structure pour nous remettre au travail.

Quand vint le mois d'octobre, New York avait vraiment besoin de quelque chose comme une exposition artistique pour avancer. Il nous fallait célébrer ce qu'était la vie, y trouver un sentiment de joie et l'atteindre. Découvrir un sens communautaire à l'humanité était un moyen de surmonter la tristesse.

Doug et moi avions initialement imaginé une *Moveable Feast*[33] où le plancher du camion s'étendrait jusque dans la rue pour faire une table. On imaginait dresser une table et servir toutes sortes de poudres et de bonbons aromatisés présentés sur de grandes assiettes, avec des carafes de chimie en guise de verre. Il s'agissait d'une nouvelle façon de manger. Nous inventâmes différentes méthodes pour transmettre le goût. La meilleure d'entre elles consistait à placer de la poudre aromatisée au milieu d'une feuille de papier, à la rouler et à souffler fort dans ce tube vers la bouche ouverte et le nez d'un convive. Cette expérience inhabituelle d'acquisition du goût aiguise alors le sens gustatif grâce aux parfums intenses et aux sensations fugaces sur la langue. Une autre méthode consistait à vaporiser de la poudre aromatisée sur les invités au moyen d'un pistolet à compression de CO_2 utilisé pour peindre les maquettes de voiture.

Mais la peur de l'anthrax frappa, et je me réveillai un matin réalisant qu'aucune personne sensée n'autoriserait un étranger à lui souffler sur le visage des poudres non identifiées. Et défier cette peur n'était pas le message que nous cherchions à faire passer.

Bande de pâtes colorées sous vide servant
d'isolation orphique pour le camion-galerie
*A plastic strip door of vacuum-packed
pasta for our truck gallery*

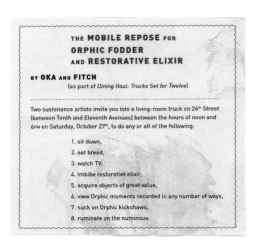

Aussi pensa-t-on à tout ce qui avait attiré les gens à nos *Orphics Feasts* : la communauté, l'énergie créative et l'engagement à faire quelque chose qui n'avait jamais été réalisé avant. Nous prenions conscience que le fait de montrer aux gens la vidéo de ce que nous avions fait, en créant, pour regarder le film, une ambiance chaleureuse dans un camion qui sentait la viande, était aussi dans l'esprit orphique, et définitivement une *Moveable Feast*.

On décida également de faire du pain et de le servir avec un bouillon parfumé au poulet que l'on nomma *Restorative Elixir*[34].

On avait commencé le travail préparatoire du *Dining Haul* après l'été, et déjà de minicatastrophes s'étaient pointées. En fait, il y eut deux énormes catastrophes que l'on admit bien trop tard. Le potier qui devait fabriquer nos assiettes de soixante-quinze centimètres de diamètre perdit espoir lorsqu'il réalisa que produire vingt-quatre assiettes d'une telle dimension allait lui être impossible. Il avait mis deux semaines à en faire deux. Puis l'étudiant qui devait construire la table et les escaliers fit une dépression, il dut quitter l'école et rentrer chez lui.

Quand on fit évoluer le principe de notre performance, on se rendit compte, soula-gés, qu'on n'avait pas besoin de ces assiettes, et que l'étudiant avait tout de même réussi à faire quelques marches que nous pourrions utiliser pour l'entrée de notre camion.

C'était parti pour une de nos semaines à cent à l'heure. On trouva de magnifiques tapis en laine bleue pour rendre notre salon accueillant. On habilla cinq cubes de mousse de couleurs vives pour servir de chaises. On passa deux longues soirées en studio dans le sous-sol de notre copain Jonathan à monter la vidéo de la fête *Luau basquaise de Bum-Bum*. On fit tirer et encadrer la photo *Pound Cake in Pineapple in Clay Eggplant*. On imprima en couleurs de grands posters de notre *Duckfish*, la spécialité bum-bumienne qu'on avait inventée. Enfin, on réserva un générateur pour être certains d'avoir du courant.

Chrijsta Bourg[35] fit des bonbons salés, à partir des parfums qu'on avait trouvés chez Wynnstarr, un fabricant d'arômes alimentaires du New Jersey. Les bonbons salés qui eurent le plus de succès furent le bonbon à la tomate rôtie, le chewing-gum au wasabi et un caramel très salé à la graisse de bœuf. On appela cela des *Orphic Kikshaws*. Emprunté au français "quelque chose", ce mot signifiait à l'époque élisabéthaine "petite chose".

Pendant ce temps, je préparais *Restorative Elixir* : je fis un bouillon à partir de vingt kilos d'ailes de poulet auquel j'ajoutai vingt autres kilos, je fis infuser tout cela avec de la citronnelle, du gingembre et de l'ail grillé. C'était délicieux et, bien que très facile à faire, cela demandait un minimum d'attention pendant les quarante heures où cela mijotait. Toute la maison sentait le bouillon de poulet, mes cheveux sentaient le bouillon de poulet, et je me levais à quatre heures du matin pour m'assurer que cela ne cuisait pas à gros bouillons. Je fis griller des grains de poivre de Setchouan pour aromatiser du sel. J'essayai de faire du pain mais ce fut une vraie catastrophe. On décida de faire appel à Noel, notre copain boulanger.

Puis on eut un problème avec le type de camion qu'il nous fallait pour notre performance. La nuit du 10 septembre, sous une pluie battante, dans un parking entre la 14e rue et la 9e avenue, j'escaladais et je descendais des camions frigorifiques stationnés pour n'en trouver finalement aucun de convenable : un qui ne sente pas la viande crue et avec des parois qu'un clou aurait pu percer. Peut-être était-ce trop demander puisqu'il s'agissait de camions de boucherie frigorifiques…

La veille de la manifestation reprogrammée, Chiyono Murano, qui nous aidait en faisant le coursier, nous appela pour nous dire que ma camionnette avait été mise à la fourrière, alors qu'elle récupérait du Plexiglas à Canal Street. J'allai le récupérer tandis que Doug alla chercher le fourgon de location. La fourrière est dans un endroit plutôt lugubre sur les quais de New York mais j'étais de bonne humeur, il nous restait encore pas mal de temps et j'avais un bon bouquin. Je n'eus pas à attendre longtemps. Vingt-cinq minutes plus tard, devant la camionnette, je réalisai que je n'avais pas les clefs puisque je ne l'avais pas conduite. J'appelai Chiyono qui sauta dans un taxi. Une demi-heure plus tard, je me demandais ce qui avait bien pu lui arriver. Elle ne pouvait quand même pas m'avoir oubliée. J'interrogeai la gardienne : avait-elle vu une Japonaise avec des cheveux orange, un pull vert fluo conduisant une camionnette Toyota ? Elle l'avait vue voici à peu près quinze minutes sortir du parking. Je ne pouvais pas y croire. J'appelai Doug. Il venait de récupérer le générateur et le cadre à photo et n'était qu'à trois blocs. Vingt minutes plus tard, il n'était toujours pas là. Il s'était fait arrêter par la police pour avoir emprunté une rue à sens unique qui venait juste de changer de sens…

Dix-huit heures trente, et nous étions toujours dans le véhicule de location en route pour *ABC Carpet* où nous devions récupérer le tapis. Chiyono avait les blocs de mousse et le Plexiglas. Elle m'avait apparemment cherchée à la fourrière, avait pensé que j'étais partie et avait continué à jouer les coursiers. Arrivés chez *ABC Carpet*, Doug resta dans la voiture à écouter la radio pendant que, moi, j'allai récupérer le tapis que les vendeurs ne retrouvaient pas, rien à faire. Je continuai à lire mon livre, compagnon devenu indispensable. Finalement, ils le retrouvèrent au fond de l'entrepôt sous vingt rouleaux de moquette. Pendant qu'ils le montaient à la réception, Doug entra pour me dire que la camionnette ne voulait plus démarrer : la batterie était morte. On appela Richie, de l'agence de location, mais il était maintenant vingt heures, un vendredi soir. Il nous suggéra d'arrêter un taxi et pour cinq dollars d'y brancher des câbles pour redémarrer.

Je trouvais tout cela hilarant, Doug, pas du tout. La journée avait été une telle succession de faits ridicules. Je me demandais ce qu'elle allait encore nous réserver.

Finalement, puisque nous n'arrivions pas à redémarrer la batterie, on décida de faire appel à l'*Automobile Club* qui nous promit d'être là dans l'heure. Doug continuait à courir après les taxis et, moi, je savourais mon latte décaféiné et mon cookie aux pépites de chocolat. Quand l'*Automobile Club* arriva à notre hauteur, un Afro-Américain cool avec dreadlocks en sauta. Notre batterie était effectivement nase : en partant, il dit à Doug : "Tous mes frères écoutent aussi la radio… mais avec le moteur qui tourne !"

Nous partîmes pour *Parson School of Design*, sur la 13e rue, récupérer le plancher, la table et l'embryon d'escalier. L'arrêt suivant était sur la 24e rue où nous devions voir quel camion nous avait été alloué et où il était garé. Chelsea était une ancienne zone d'entrepôts alors en phase d'embourgeoisement ; la rue était sombre, et toute une file de camions était stationnée sur le même côté. Beaucoup d'artistes étaient déjà à l'intérieur de leur camion, occupés à s'installer, certains avaient l'air un peu perdus. La directrice artistique Alisoun Meehan était introuvable. Cela nous prit un moment pour comprendre quel camion était le nôtre : un cinq mètres de long au lieu de huit que nous avions demandé. C'était l'avant-avant dernier, tout près de la jetée, ce qui voulait dire que le vent allait hurler et s'engouffrer depuis l'Hudson dans notre petit salon confortable. Pas idéal mais le camion avait une entrée sur le côté qui permettait de fermer l'arrière. D'ailleurs, cette entrée latérale donnait sur la galerie de Mary Boone, un grand nom du milieu de l'art contemporain.

La dernière course du jour était pour la télé de notre "salon". Une fois l'écran géant récupéré, on réalisa qu'il ne rentrait pas dans la camionnette spécialement louée pour ce transport. Doug a une excellente mémoire visuelle mais je pense qu'il voyait la télé beaucoup plus petite et la camionnette bien plus grande… On décida alors d'utiliser ma télé plus petite.

À ce stade, il était presque minuit. La journée avait été longue et on décida de tout préparer près de la porte de mon appartement et de se retrouver le samedi matin à six heures trente. Notre petite performance toute simple nécessitait un nombre incroyable de trucs : cinq cubes de mousse, un petit billot de boucher pour préparer le *Restorative Elixir,* un réchaud et six recharges de butane, une télé et un magnétoscope, nos photos encadrées et non

encadrées, mes différents essais de pain, les boîtes d'*Orphic Kickshaws*, sans oublier le tapis, les marches et le générateur.

À sept heures, on était prêts à partir quand la camionnette de location décida de ne pas démarrer. Pas de problème, le garage était juste au coin de la rue. Je courus emprunter des câbles pour recharger la batterie, Doug, qui ne touche pas à l'électricité (d'ailleurs moi non plus), demanda de l'aide au concierge. Pendant ce temps, les flics arrivèrent et ils nous collèrent deux PV pour stationnement en zone commerciale.

C'était une belle journée et nous partîmes pour Chelsea avec trois quarts d'heure de retard sur notre planning, ce qui n'était pas si mal. On commença par mettre le tapis dans le camion. On ajouta les blocs de mousse. L'espace parut un peu plus petit. Une autre artiste s'approcha pour regarder ce que nous étions en train de faire.

Son projet consistait à faire des photos de godemichés nappés de sucre ; sa présence et ses commentaires nous agacèrent.

Notre projet tout simple se compliqua : Doug trouvait que les parois du camion n'étaient pas terribles : on essaya donc de coller du Sopalin en guise de papier peint. Le camion était devenu un doux mélange de crèche et de chambre d'un riche étudiant meublée Ikea. Il y avait l'écran plasma super design, le tapis moelleux et les affreux cubes en mousse. Cela faisait trop décorum qui se voulait de bon goût mais qui était en fait de très mauvais… goût.

Alors que Doug assemblait les marches sur le côté du camion, un responsable de la galerie Mary Boone vint nous voir et nous dit gentiment que le générateur faisait beaucoup de bruit, que les émanations pénétraient dans la galerie et que Mme Boone n'allait pas aimer les marches si près de

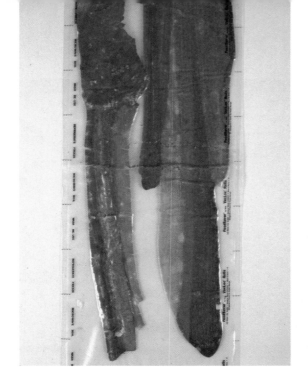

Pâtes *coup de pinceau* sous vide
Vacuum-packed pasta brushstroke

son entrée. On déplaça alors le générateur, espérant que les voitures qui rouleraient sur les câbles ne les endommageraient pas. On se prit le quatrième PV de la journée parce qu'on était garés en double file. L'un des flics très sympa nous dit qu'il ne nous aurait pas verbalisés s'il avait su qu'on avait déjà pris plusieurs PV le matin.

Il ne nous restait plus qu'une heure : je commençai à angoisser. Je priai pour que notre motivation à participer à cet événement soit venue d'un désir de donner et de partager avec une communauté meurtrie et en quête de joie. Et que cette intention soit pure et imposée par Dieu, et que, d'une manière ou d'une autre, la configuration appropriée allait se mettre en place.

Au même moment, Doug et moi nous rendions compte que nous misions gros. Notre installation avait été bien perçue au premier *Dining Haul,* et Alisoun avait fait beaucoup de promo pour cette deuxième édition. Doug n'était toujours pas satisfait de notre camion. On envisagea même l'idée de mettre une affiche sur le camion informant les gens que le *Moveable Feast* se tenait dans mon appartement à Broadway.

Après toutes ces années à réaliser des *Orphic Feasts*, j'avais appris que, tôt ou tard, on finit toujours par y arriver, par trouver une bonne façon pour exprimer une idée quelle qu'elle soit même si une partie de l'événement peut toujours nous échapper. Exactement comme cela venait juste d'arriver au mois d'août : on avait fait un mauvais calcul pour la marée haute, et notre *Luau basquaise de Bum-Bum* s'était vu prématurément terminé à cause de l'arrivée de l'eau sur les genoux des convives. Pour l'*Île flottante*, Doug et moi ne savions pas si la structure de notre table flottante pourrait accueillir les vingt-quatre convives à moitié immergés dans l'eau jusqu'à ce qu'ils y soient tous assis.

Au fil du temps, on avait compris l'importance des répétitions ; elles nous permettaient d'aller à l'essentiel et de viser la faisabilité d'une idée. Doug décrit tout cela comme la "confiance dans le processus". Dans un sens, on développa notre propre méthode pour que les choses aboutissent, l'une des clés étant d'éviter de paniquer en même temps. Nous avons réussi à faire ça avec pas mal de cohérence, chacun de nous s'occupant et s'inquiétant de choses différentes. Si nous demandons aux participants des *Orphic Feasts* d'avoir confiance en nous, nous nous devons l'un à l'autre une confiance réciproque. Les cours de voltige et de trapèze pris ensemble symbolisaient parfaitement ce sentiment. Cette expérience du trapèze exprimait l'idée que nous étions ouverts, désireux de nous lancer, de sauter de cette plate-forme et de se croire en sécurité.

Tandis que je grimpais à l'échelle, sanglée dans mon harnais, je me demandais si je n'allais pas y laisser ma peau dans cette histoire. Si je m'arrêtais à cette pensée, je n'allais pas y arriver. Je devais la rejeter consciemment et faire confiance aux cordes et au harnais. Quand on se lance dans l'air, il y a un prof en bas qui vous dit quoi faire et comment le faire. Vous n'avez qu'à l'écouter et faire ce qu'il dit à l'instant T. Mais bien souvent, vous ne faites pas ce que l'on vous demande ni quand on vous le demande. Or il était très important de faire ces choses au bon moment et de faire confiance à l'expérience de l'autre.

En pleine apesanteur, je ne pensais pas avoir les muscles nécessaires pour faire la position du cochon pendu. Si on l'effectue au mauvais moment pendant le saut, on se bat contre la gravité, et cela demande encore plus de puissance musculaire ; si on le fait au bon moment, cela ne demande aucun effort. Pour moi, il y a une analogie entre la volonté de pratiquer une activité dangereuse et la volonté de pratiquer une forme d'art. Le trapèze symbolise les peurs personnelles qu'il faut surmonter pour y arriver, peurs qui refont surface chaque fois qu'on se lance dans un nouveau projet. Et puis, comme cela arrive toujours, juste au moment où on allait laisser tomber, les choses se mettent en place.

On retira tout du camion, reconfigura les escaliers en gradins à l'arrière du camion. On plaça la télé dans le milieu. C'était devenu un objet design au milieu de murs sales et d'un plancher en bois brut. Le billot de boucher se retrouva dans un coin, son aspect rustique se fondant bien dans le cadre. On accrocha le *Pound Cake in Pineapple in Clay Eggplant* sur une paroi et le *Duckfish* sur l'autre. Noel se pointa avec un énorme sac de pain. Et nos premiers visiteurs arrivèrent.

Tandis que l'après-midi avançait, notre camion se remplissait de visiteurs, entassés les uns à côté des autres sur les gradins, buvant le *Restorative Elixir* dans des gobelets personnalisés et regardant la vidéo que nous commentions tour à tour. Les gens suçaient des *Orphic Kickshaws*. Certains faisaient très attention à ce qu'ils mangeaient mais firent une exception. Une personne, très méfiante vis-à-vis de l'*Elixir,* car elle ne nous connaissait pas du tout, but une gorgée et, comme c'était bon, en reprit.

Cela finit par être une belle installation, soulignant le besoin de confiance, la nécessité de faire tomber les barrières pour se laisser transformer. Une foule de gens attendait à l'extérieur. Cette chaleur humaine contagieuse se déversait dans les rues et les galeries environnantes. Les gens se baladaient dans Chelsea, nos petits gobelets à la main. Pour moi, c'était le symbole de la réunion, d'un lien créé et d'un désir de se reconnecter de nouveau au monde. Nous étions entourés par la mort, à la fois littéralement avec ces camions de livraison de viande, et, au sens figuré, avec New York après le 11 Septembre, mais nous affirmions notre relation à la vie et aux autres. C'était la célébration d'une sorte de cadeau.

Let Go and Let God

MIMI/ *Dining Haul* was a series of group shows curated by Alisoun Meehan. We had shown our pasta paintings in the first show, and for the second *Dining Haul*, Alisoun had rented a dozen meatpacking trucks for a day, with each truck/gallery showing the work of an artist who used food as a medium. This was a guerilla art show: she had proposed it to several galleries, all of which turned her down, so she decided to park the rented trucks on 24th street in Chelsea, in front of the major art galleries, and show art there anyway.

The second *Dining Haul* was originally scheduled for September 15th, 2001, the weekend after 9/11, so of course, it was cancelled. A lot of us were questioning what it meant to work, and what it meant to work in art, and in our case what it meant to work in art as food, at a time like this. The work felt so profoundly irrelevant in those early days after 9/11. But all the artists involved felt that we shouldn't abandon the show completely. Somehow the idea that we had a place to show, and a context and a deadline, helped give us a structure so we could return to work.

And by the time October rolled around, the city really needed something like an art show to keep going. We needed to celebrate what life was about, to find a sense of joy, to reach out. Finding a sense of community in humanity was a part of getting past the sadness.

Doug and I had originally planned a *Moveable Feast*, wherein the floor of the truck would extend into the street as a table. We planned to set the table, and serve a series of powders and savory candies on huge 24-inch plates, with tall chemistry beakers as water glasses. The *Moveable Feast* was about a new form of eating. We had devised some novel methods of conveying flavor, including placing a small amount of concentrated powder in the middle of a sheet of paper, rolling it up and having someone open their mouth. We would blow forcefully into the tube, spraying their mouth and nose with the powder and giving them an unusual flavor-acquisition experience, exercising their sense of taste with intense small flavors, evanescent sensations on the tongue. Another method involved spraying flavor at the participants with a CO_2-propelled sprayer used for painting model cars.

Then the anthrax scare hit. I woke up one morning realizing that no one in their right mind would allow a complete stranger to blow peculiar, unidentifiable powders into their faces. And challenging this fear wasn't the message we wanted to send.

So we thought instead about what had drawn people to our Orphic Feasts: the community, the creative energy and the commitment to executing something that has never been done before. And we realized that showing people the video of what we had done, creating a cozy environment to watch the video and talk about it in the back of a meatpacking truck, was also in the Orphic spirit and definitely a *Moveable Feast*. We also decided to bake bread, and serve it with a very flavorful chicken soup, which we dubbed *Restorative Elixir*.

We had begun the preparatory work for *Dining Haul* over the summer, and there had been some minor disasters. Actually, they were major disasters, but we didn't admit that until it was too late. The potter who was supposed to make our 24-inch plates had a crisis of confidence and realized that making 24-inch plates was going to be impossible. Two plates had taken him two weeks to make. Then the student who was supposed to make our table and stairs had a nervous breakdown and had to leave school and return home.

When we changed the nature of the show, we realized with relief that we didn't need our 24-inch plates, which were still non-existent anyway. The student had managed to make some wooden steps leading up to the truck-floor table before he had his nervous breakdown, and we could use them to create an entrance to our installation.

We embarked on one of our crazy weeks of rushing around. We found some beautiful blue woolen carpet remnants to make our cozy living room. We ordered five cubes of foam, upholstered in bright colors, to serve as chairs. We spent two long evenings in our friend Jonathan's basement editing suite, cutting video from our recently completed *Luau Basquaise de Bum-Bum*. We took a print of our *Pound Cake in Pineapple in Clay Eggplant* to have it backed with aluminum. We made some large-scale color Xeroxes of the *Duck-fish*, the Bum-Bumanian specialty we had invented for the Luau. We reserved a generator to ensure that we would have electricity through the show.

Christa Bourg made savory candies from some flavors that we'd picked up at Wynnstarr, a flavor manufacturer in New Jersey. The most successful were a roasted tomato starburst, wasabi chewing gum, and a rather salty beef-dripping fudge. We called these *Orphic kickshaws*, a word we found in the OED, meaning "little something," an Elizabethan corruption of *"quelque chose."*

Meanwhile, I was making *Restorative Elixir*, which required making chicken stock from forty pounds of chicken wings, and then enriching it with another forty pounds of chicken wings, and infusing it with lemongrass, ginger and roasted garlic. The elixir was delicious, and although easy to make, required a low grade of attention throughout the forty hours of simmering. Our house smelled of chicken soup, my hair smelled of chicken soup, and I was getting up at four a.m. to make sure the stock wasn't bubbling too violently. I roasted some Szechuan peppercorns to make Szechuan peppercorn salt, and tried making some bread, which was a singular disaster. We decided that it would be easier and tastier if we just called our baker friend, Noel.

We had an issue with the kind of truck we would have for the show. On the night of September 10th, I had been clambering in and out of empty meatpacking trucks parked in a lot on 14th Street and 9th Avenue in the driving rain. I couldn't find an acceptable truck that didn't smell like raw meat, with walls that a nail could pierce. Perhaps that was a little much to ask for, considering these were meatpacking trucks.

The day before the rescheduled show, Chiyono Murano, who was helping us with our errands, called to say that my car had been towed from Canal Street where she was picking up the Plexiglas. She had not even completed her first errand. As the owner of the vehicle I went over to claim it, while Doug went off to pick up our rental van. The towing lot is a rather dismal place on the wharves of New York, but I was in a good mood, and thought the situation was rather funny. We still had plenty of time and I had a good book with me. I didn't have a long wait, and in twenty-five minutes they were leading me into the huge structure with towed cars as far as the eye can see. Then I realized that I didn't have the keys, since I hadn't been driving. I called Chiyono,

who hopped in a cab and came over after another twenty minutes. We arranged to meet by the exit, so I sat down next to the guard booth and read my book. Half an hour later I wondered what on earth could have happened to Chiyono. She couldn't have forgotten to pick me up: I was right there. I asked the guard if she'd seen a Japanese lady with orange hair and a bright green sweater driving a green Toyota van. She said she had, about fifteen minutes before, driving out of the lot. I couldn't believe it.

I called Doug. He had just picked up the generator and the framed photograph and was about three blocks away. Some twenty minutes later he had still not arrived. He'd been stopped a block away by the police for going the wrong way down a one-way street that happened to change direction for one block. Six-thirty and we were in the rental van, heading for ABC Carpet to pick up our rug. Chiyono had managed to pick up our foam blocks and the Plexiglas. She had apparently looked for me at the tow yard, decided that I had left, and continued on her errands. Meanwhile, Doug waited in the van, listening to the radio while I went in to get the carpet. They couldn't find it, and couldn't find it and couldn't find it. I kept reading my book, which was becoming quite the necessary companion. Finally, they found the carpet at the back of the warehouse under twenty other rolls of carpet. Then Doug came in to tell me that the van wouldn't start. The battery had died. We called Richie at the rental company, but by now it was 8:00 on a Friday night. He was too busy to come and help us. "Maybe in an hour," says Richie. He suggested that we stop a taxi and get them to jump-start the car for $5.00. "All taxis have jumper cables."

I thought this was hilarious. Doug did not. The day had been such a ridiculous sequence of events. I wondered what else was in store. We decided to resort to AAA, who promised that they would be there in an hour. Doug continued to run after all the taxis. I just enjoyed my decaf latte and chocolate chip cookie. When the AAA clattered up to us, a cool, dreadlocked African-American hopped out. Our engine was running in no time, and he left telling Doug that "All brothers listen to the radio... but with the motor running."

We set off for Parsons School of Design on 13th Street, to pick up what existed of our truck floor, table and stairs. The next stop was 24th Street to see which truck we had been assigned and where it had been parked. Chelsea is a gentrifying industrial warehouse district and the street was dark, with a row of parked trucks on one side. Many of the trucks already had artists in them, unfolding dropcloths, hammering pictures, some of them looking a little confused. The curator, Alisoun Meehan, was nowhere to be found, so it took a while to figure out which truck was ours. The truck turned out to be sixteen feet long instead of the twenty-four feet that we had requested. And we had the second-to-last truck, close to the pier, which meant that the wind would come howling off the Hudson River into our cozy living room. Not an optimal location. Doug was getting more and more upset. Our truck did have a side entrance, and we could keep the back closed. The side entrance was on the pavement in front of Mary Boone's gallery, a major presence in the contemporary art scene.

Our last errand of the day was picking up the borrowed television for our "living room." Then we discovered that the giant television was not going to fit, even though we had rented the van specially for its transport.

Doug has a tremendous visual memory. But he did once admit to me that while he remembers the layout of spaces very accurately, he always remembers them as slightly bigger than they actually are. I think he remembered the TV smaller and the van bigger. So we decided to use the television from my living room, which, though smaller, was good-looking and sleekly modern.

By this point it was close to midnight. We decided to prepare everything by the door of my loft, and reconvene at 6:30 a.m. on Saturday. Our small, simple installation required an amazing amount of stuff: five colored foam cubes; a small butcher-block table to use for heating the *Restorative Elixir:* the gas heater and the six-pack butane tanks; the TV and VCR: the framed and unframed pictures;my various attempts at bread; tins of *Orphic kickshaws;* not to mention the carpet and stairs and generator.

At seven o'clock when we were ready to leave, the rental van decided not to start. No problem – the garage was around the corner. I raced off to borrow the jumper cables, and Doug asked the super to help us connect the cables. Doug does not do electricity (and neither do I). Meanwhile the traffic cops arrived and we received two tickets for being parked in a commercial vehicle zone.

It was a beautiful day, and we set off for Chelsea, only forty-five minutes behind schedule. We started by unloading the carpet into the truck, making a nice, thick bubbly felt floor to lie on. We added the foam blocks. The space was looking a little small. Another artist, whose work was close-up photographs of candy-coated dildos, came by to look at what we were doing; her presence and her comments were equally irritating.

Our simple project was beginning to feel too complicated. Doug thought the walls of the truck looked bad, so we tried taping paper towels on as wallpaper. Between the sleek expensive television, with a nice carpet and some badly made foam cubes, the truck was looking like a cross between a nursery school and a rich college kid's Ikea-furnished bedroom. The effect was the wrong mixture of high and low, coming across as tacky and frivolous.

Doug started to work on the stairs leading into the truck. He spread them out on the pavement and had them enter the truck from the side. Mary Boone's gallery manager came out and very nicely told us that our generator was making a lot of noise and blowing fumes into the gallery, and that Ms. Boone would not like the wooden stairs so close to her entrance. We hauled the generator across the street, hoping that it wouldn't be a problem to have cars and trucks running over the extension cords. And we got our fourth parking ticket of the day, for being double-parked on the street. The cops were very nice. One of them explained that he wouldn't have given us the ticket if he'd known that we had already received several that morning.

By this time we had an hour left. I was beginning to get worried. I prayed to see that our motivation to do the show had come from a desire to give and to share with a community that was fearful and in need of joy. And that this intention was pure, and was impelled by God, and that somehow the appropriate configuration would come together.

Both Doug and I felt that we had a lot at stake. Our installation at the first *Dining Haul* had been well received. Alisoun had arranged a lot of publicity for this second show, including local cable television. We considered closing the truck and putting up a sign that the *Moveable Feast* could be found at my apartment on Broadway.

I've learned after many years of doing these Orphic Feasts that sooner or later it becomes a question of trusting that it will work out, that there will be a right way for us to express an idea, no matter what – even if, as had just happened the previous August, we miscalculated high tide and saw our *Luau Basquaise de Bum-Bum* ended prematurely by the arrival of water in everybody's laps. Some part of the event will always be out of our control. During the *Île Flottante* Doug and I did not know if we could build a floating round table that would hold 24 half-submerged diners, until all the diners were seated for dinner in the river.

Doug has described this as "trusting the process." In a sense we have evolved our own process for getting things done. We have certainly learned the importance of rehearsal to help us edit our ideas. And we have learned to avoid panicking at the same time, not to be drawn into the other's panic. We've managed to do that pretty consistently. Each of us cares about, and worries about, different things.

If we ask the participants in our Orphic Feasts to trust us, we also have had to learn to trust ourselves and each other, which for me is symbolized by the lessons we took on the flying trapeze.

For both of us, the trapeze experience expressed the idea of being open, willing to embark, to step off that platform into midair and trust that you will be safe. As I walked up the ladder, strapped in my harness, I questioned if what I was doing was idiotic. Was I going to die? All the ropes were in place. I was completely held, cared for. And if I listened to those thoughts, I was not going to be able to do what I wanted to do – I had to consciously reject the fearful notions and remain open to trusting the ropes and harnesses.

When you let out into midair someone below you is telling you what to do and how to do it. You have to listen to them and do what they say at exactly that moment. It was interesting to watch other people and to see that they neither did what they were told, nor when they were told to do it. And those two things were really important to do at the right time.

At the moment of weightlessness you pick your knees up and do what is called a knee hang. I didn't believe that I had the stomach muscles and the core muscles

to do it. If you try to do the knee hang at the wrong place in the swing, you're struggling against gravity, and it requires a lot more muscle power, but done at the right place, it is effortless. I loved that – but to have that experience for yourself, you had to really listen and trust their experience.

I draw an analogy between the willingness to go out to a dangerous place and the willingness to practice art: to take yourself to a situation you've never encountered before. The trapeze symbolized the personal fears you have to conquer to get there, fears that resurface every time we embark on a new project.

As always seems to happen, just when we were about to give up, things fell into place. We removed everything from the truck. We reconfigured the unfinished wooden stairs as bleachers in the back. We placed the TV in the middle. It became a sleek art object in the middle of the dirty walls and rough wood floor. The butcher-block table went in the corner, its rustic chunkiness in keeping with the setting. We hung the *Pound cake in Pineapple in Clay Eggplant* on one wall, the *Duckfish* on another. Noel turned up with an enormous bag of bread. And our first visitors arrived.

As the afternoon wore on, our truck overflowed with visitors, crammed next to each other on the bleachers, watching our video, which Doug and I took turns narrating; sipping *Restorative Elixir*, which we served in specially printed paper cups. People sucked on *Orphic kickshaws*. Some admitted to being particular about what they ate nowadays, but being willing to make an exception. One person said she was a little wary of taking the *Restorative Elixir* since she didn't know us at all, but she took a little sip and it was very good, so she took more.

It ended up being a lovely installation, highlighting the need to trust, to drop one's barriers, to be willing to be changed. Crowds of people waited outside to come into the truck. That warmth and community was contagious, spilling out into the streets and into the surrounding galleries. People were walking around Chelsea carrying our little cups. To me it was a symbol of coming together and then sending that bond and willingness to connect back out into the world. We were surrounded by death, both literally in the meat-packing truck, and figuratively in post-9/11 New York, but we were affirming our connection to life and to one another. It was a celebration of a certain kind of gift.

Du bon goût dans l'art

Good Taste in Art

Le mot "goût" a deux significations. Vous pouvez avoir bon goût, mais cela ne veut pas dire
que votre goût est bon. Dans beaucoup de langues, un seul mot peut décrire deux qualités. Ce sont
ces mots, à la double identité pertinente, que nous voulons explorer. Si vous avez bon goût en art,
pourquoi ne pas chercher à savoir quel goût il a ?

"Taste" has two meanings. You may have good taste but that does not mean you taste good.
But in many languages, a single word describes both qualities. This word with dual identities aptly
describes a territory we wanted to explore. If you have good taste in art, why not find out how good
it tastes?

Comment aimeriez-vous consommer votre art ?

MIMI / Le mot "goût" a deux significations. Vous pouvez avoir bon goût, mais cela ne veut pas dire que votre goût est bon. Dans beaucoup de langues, un seul mot peut décrire deux qualités. Ce sont ces mots, à la double identité pertinente, que nous voulons explorer. Si vous avez bon goût en art, pourquoi ne pas chercher à savoir quel goût il a ?

Puisque IDEE avait d'un côté une galerie d'art et de l'autre un restaurant, on allait y exposer des tableaux constitués de pâtes faites à la main et on allait demander aux gens comment ils aimeraient consommer leur art : emporteraient-ils le tableau chez eux pour l'accrocher au-dessus de leur canapé ou le mangeraient-ils au dîner ?

On teignit des pâtes avec différents colorants alimentaires, on les étendit ; en séchant, elles devenaient comme des traits de pinceaux : orange, roses avec des bandes jaunes, c'était plutôt beau à voir à la lumière. Je me plongeai dans les couleurs, les textures, les tableaux et dans la douce sensation soyeuse des nouilles sortant de la machine. J'adorais la transformation des pâtes quand elles émergeaient de la machine. C'était excitant de découvrir ce qui en sortait à chaque nouveau morceau : l'harmonie et le mélange des couleurs. Plusieurs fois, on soupira de satisfaction devant ce spectacle. Je fus encore plus heureuse quand un invité entra dans la galerie et demanda où étaient les pâtes, et que l'on put lui répondre qu'elles étaient accrochées au mur.

On installa dans la galerie des comptoirs de "transformation d'art en nourriture" où les gens achèteraient leur tableau et nous l'apporteraient. On cuisinerait autant de parties du tableau qu'ils voudraient en manger. Ils pourraient traverser le couloir et le manger au restaurant et emporter le reste chez eux. Le restaurant était d'accord pour préparer quatre différentes sauces colorées : un pesto au shiso, une sauce Alfredo, une sauce à l'encre de seiche et une à la tomate rôtie. On avait un petit potager à salade dans le restaurant où les invités pourraient récolter leurs légumes et les vaporiser de nos assaisonnements.

On renouvela cette performance à New York pour l'Asia Society en travaillant en collaboration avec la Galerie Ethan Cohen. Ethan impliqua Daniel Boulud[36], ce qui nous propulsa à un niveau différent dans le monde culinaire. Quand Doug et moi étions initialement allés le voir, il avait été effrayé et avait d'abord dit non. On a dû bosser dur pour qu'il remonte à bord. C'est vraiment grâce à son second que Daniel fut convaincu de s'engager, parce qu'il sentait quelque chose en nous, une sorte d'intensité et d'engagement à vouloir faire quelque chose de différent.

On se dit que, plutôt que de préparer des plats familiaux magnifiquement présentés, le repas devrait proposer des associations de goût inhabituelles ou des mets dressés de façon originale. Il y avait d'énormes contraintes de temps et de budget. On fut tous d'accord pour réfléchir et revenir avec des suggestions. On se retrouva une semaine plus tard, et Daniel fut merveilleux. Sa première remarque avait été

Palette de pâtes colorées / *Our palette of colored pasta*

qu'il ne pouvait se permettre d'être vu en train de jouer avec de la nourriture – son empire était en jeu, et il ne pouvait donc travailler qu'en imposant certaines limites. Comprenant que les colorants artificiels utilisés pour les pâtes pouvaient lui poser problème, Doug suggéra de recourir uniquement à des colorants naturels, ce qui différencierait l'acte de jouer avec la nourriture de celui de travailler la nourriture : une subtilité apte à rassurer Daniel ; alors je fis un tas d'essais en utilisant des betteraves, des épinards et de l'encre de seiche. Les couleurs étaient superbes mais un peu sourdes. Elles n'avaient pas l'éclat des colorants alimentaires qu'on avait d'abord utilisés. Quand l'équipe de Daniel nous présenta un rouget flottant dans une gelée au Curaçao bleu, on rit du fait que le bleu du curaçao était vraiment "naturel". Cette blague nous donna la latitude pour employer des colorants alimentaires synthétiques.

Lors de cet échange d'idées, je fis d'après une recette de Daniel des gâteaux que je mis à l'intérieur de ballons de baudruche et que je fis cuire à la vapeur. C'était une idée simple. On servait les ballons avec une épingle et on n'avait plus qu'à les faire éclater pour manger. Pendant ce temps, l'équipe de Daniel était venue avec un ballon gonflable dans lequel se trouvait un gâteau au chocolat. Ils l'avaient fait en congelant le gâteau, l'enveloppant dans un ballon qu'ils avaient ensuite gonflé. Daniel eut également l'idée géniale d'attacher des tapas avec de la ficelle de boucher, de les suspendre à des manches à balais et de les couper directement au-dessus de la bouche des invités ; il eut aussi l'idée du *finger food*, des amuse-bouches servis au bout de doigts gantés présentés sur un plateau. C'était génial et cela montrait combien il pouvait être créatif et aventureux si on lui en donnait l'autorisation.

C'était un échange d'idées fort agréable. Daniel a un tel esprit libre, est un si grand artiste – il dessinait très bien – et, quand on lui demandait de sortir des sentiers battus, il arrivait avec de super idées, mais sa créativité était entravée par son empire et la réputation qu'il devait maintenir.

On dut aussi accepter des compromis. Il était très important pour nous que les pâtes des tableaux qui seraient mangées correspondent bien à ce que les gens avaient choisi ; pas question de tour de passe-passe dans la cuisine entre des plats préparés à l'avance et servis à la place des tableaux que les dîneurs avaient vu, ce qui aurait constitué une tromperie sur les tableaux cuisinés. L'équipe de Daniel rejeta catégoriquement notre idée de servir et faire bouillir cent vingt portions individuelles de pâtes pour nous assurer que la bonne personne ait la bonne portion. Ce qui était sûr, c'est que cela aurait été un énorme casse-tête logistique. On décida alors de faire des tableaux qui nourriraient dix personnes, les plus grandes toiles étant les plus spectaculaires… L'idée était que les gens ayant le même goût, puisqu'ils avaient choisi le même tableau, seraient assis à la même table.

Montage des tableaux de pâtes / *Setting up the pasta paintings*

DOUG / Que signifie manger un tableau ? Pourquoi limiter les mots aux seules feuilles de papier ? Mangez de la poésie ! Pourquoi limiter la peinture aux confins d'un tableau et la nourriture à l'assiette ?

Quelque temps après être tombés l'un sur l'autre par hasard une seconde fois et alors que l'on commençait tout juste à collaborer, Mimi et moi sommes allés voir l'exposition Fernand Léger au MOMA. Chacun de notre côté, nous nous étions arrêtés, tous deux pour les mêmes raisons, devant un tableau intitulé *Forêt*. C'était en fait un tableau très simple, composé de trois formes basiques : l'une était verte et douce, une autre, noire et anguleuse avec un appendice épineux, la troisième était rouge ou jaune. J'étais attiré par le fait que cela ne ressemblait pas à une forêt bien que je l'éprouve comme telle. Léger avait capté ce sentiment de peur que l'on ressent en entrant dans une forêt – territoire inconnu, bois sauvage du subconscient – en condensant arbres, fourrés, obscurité et impénétrabilité et en inventant une imagerie pour évoquer ce sentiment.

Il m'apparut soudain que ce qu'il avait fait était quelque chose de semblable à la préparation de la sauce tomate. La peinture et la sauce sont toutes les deux des interprétations du monde naturel. Chacune représente une perception humaine de la nature – dans le premier cas, une forêt et combien ça fiche la frousse, dans le deuxième cas, une tomate et combien c'est délicieux. Un sentiment subjectif est analysé et objectivé, voire disséqué en divers éléments constitutifs, qui sont ensuite réassociés en une nouvelle composition. La vision de la forêt est réduite à quelques éléments symboliques, quelque chose d'intrigant, de mystérieux, croisés avec quelque chose de tranchant et de dissuadant. La toile avait été "forestifiée". Léger avait saisi la peur de pénétrer une forêt inconnue et l'avait métamorphosée en une image qui était, eh bien… digestible.

De la même façon, dans une sauce tomate, la saveur de la tomate est isolée de ses forme et texture naturelles, et est concentrée en une essence. Avec cette essence, on peut "tomatiser" des pâtes. Les pâtes sont la toile pour le goût de la tomate. Dans les deux cas, la nature a été transformée par un processus guidé par la perception et l'intervention humaines en une sorte d'artifice qui évoque quelque chose de particulièrement humain dans le contexte de la nature. L'art peut donc être un distillat d'essences du monde qui nous entoure.

M/ La *Forêt* de Léger traduisait bien plus la réalité émotionnelle qu'une photo réaliste ne l'aurait fait. Et j'étais frappée par la peinture en tant que forme de prière.

Si vous êtes dans le besoin d'un réconfort ou la recherche d'une direction, quand rien ne semble fonctionner, la prière est un moyen pour calmer ses pensées. Au début, cela peut être mécanique, la déclamation de quelques phrases familières pour apaiser cette anxiété nerveuse. Mais, peu à peu, ces mots vont au-delà des mots simples, vers un sentiment de paix profonde et tangible. Ce processus par lequel une suite de symboles matériels peut vous transporter vers un autre état émotionnel est similaire à mon expérience avec ce tableau, qui représente beaucoup plus que l'addition de tous ses éléments.

En Occident, l'art traditionnel a été sorti du contexte de la vie quotidienne et mis à part dans des musées, des galeries, parqué derrière des vitrines. Il y a une distance imposée par le fait que nous apprécions une peinture ou une sculpture avec nos yeux et que nous ne pouvons ni les toucher ni les sentir. De la même façon, le spirituel est également perçu comme quelque chose de profond et à part, qui peut être ressenti dans des moments précis ou des endroits spéciaux. Et pourtant, l'art et la spiritualité sont aussi vitaux dans notre vie que la nourriture, demandant un engagement actif de notre part. En utilisant la nourriture comme moyen d'accéder à l'expérience esthétique, nous nous y sommes intéressés en explorant l'engagement actif et le fait que l'art est inséparable de la vie.

La subsistance incorpore la nourriture au sens spirituel du mot. Dans la Bible, Jésus enseigne mais nourrit également les foules. C'est l'application pratique de ses enseignements, le fait que si nous remplissons tous les aspects de notre vie quotidienne de plus de spiritualité, alors nous serons repus et n'aurons plus faim.

C'est une source tangible pour supporter nos vies. Prier, c'est réellement se sentir près de Dieu, c'est introduire Dieu dans toute notre vie. Introduire l'art dans tous les aspects de notre vie quotidienne, c'est la même idée. C'est une part de la même attention, un désir de voir et d'expérimenter la beauté, un lien plus profond avec les autres, la communauté, et un lien plus fort à quelque chose qui dure, à quelque chose d'une portée spirituelle.

Good Taste in Art est l'un des projets orphiques les plus évidents pour décrire mais aussi pour expliquer notre travail sur ces questions. Il y a un jeu de mots *"Good Taste in Art" – how do you consume your art?* au sens où vous sortez l'art du tableau et que vous l'ingérez comme une expérience. Vous êtes alors en train de transformer l'art en expérience : aucun objet matériel ne supporte la ressemblance avec le tableau, à moins qu'on ne le photographie.

D/ Vous vous rendez dans un musée pour voir un tableau. Dans un sens, vous le mangez : vous absorbez l'image avec vos yeux. Ce tableau ne vous appartient pas, vous n'en êtes pas propriétaire, mais votre expérience du tableau ne vous revient qu'à vous. Vous remarquez comment une touche se rapproche de la lumière, vous en aimez une couleur, vous vous émerveillez de la composition, prenez en considération la vie de l'artiste, etc. Ruminant de la sorte, vous digérez l'œuvre et la faites vôtre. Point n'est besoin d'en être propriétaire pour vous approprier l'art qu'elle recèle, tout comme existe l'air que l'on respire. L'art que vous avez inhalé devient une part de vous, se logeant quelque part dans votre esprit ou dans votre âme, il y demeure pour le restant de votre vie.

M/ Dans ce travail, nous avons été attirés par ce moment de transcendance quand quelque chose passe d'un état prosaïque à quelque chose de lointain, si lointain que cela en est matériellement évident. Avec la *Baguette,* ce moment fut celui où la communauté se rassembla et souleva le pain puis l'enfourna : une communauté unifiée qui, habituellement, ne se rassemble pas autour de quelque chose.

Avec *Good Taste in Art,* parce qu'il ne reste plus une seule toile à la fin de la soirée, la métaphore est évidente pour exprimer que ce qui fait profondément sens n'est pas l'objet matériel mais la qualité de l'expérience. C'est ce qui reste.

Good Taste in Art à Tokyo

Autoportrait de Mimi Oka / *Mimi's self-portrait*

Are you an Art consumer?

MIMI/ "Taste" has two meanings. You may have good taste but that does not mean you taste good. But in many languages, a single word describes both qualities. This word with dual identities aptly described a territory we wanted to explore. If you have good taste in art, why not find out how good it tastes?

Because IDEE, a design house in Tokyo, had a gallery on one side and a restaurant on the other side, we were going to have a show of paintings made from hand-made pasta dyed with food coloring, and ask people how they wished to consume their art – would they take the painting home and hang it over their couch or would they eat their painting for dinner?

We colored the pasta with food dyes, rolled it out into strips, and found that it dried into orange, pink, and yellow "brushstrokes," quite beautiful in the light. I felt immersed in the colors and the textures, the smooth silky cool feeling of the noodles as they emerged from the machine. I loved the transformation of the pasta as it emerged from the noodle roller: many a time we sighed with satisfaction at the blending and mixing of colors. I was most pleased when one guest came in and asked where the pasta was and we were able to say that it was hanging on the walls.

We set up "art-to-food transformation" stations (basically large pots of boiling water) in the gallery where people would buy their painting and bring it over to us. We would cook as much of the painting as they wanted to eat. They could go across the hall to the restaurant to eat it, and take the rest home. The cafe agreed to make four different-colored sauces: a shiso pesto, an Alfredo sauce, a squid's ink sauce, and a roasted tomato sauce. We had a growing salad garden in the cafe at which guests could harvest their vegetables and atomize them with dressing.

We did the event again in New York for the Asia Society – working with Ethan Cohen's gallery. Ethan got Daniel Boulud involved, which catapulted the event to a different level in the food world. Ironing out the working relationship with Daniel Boulud was difficult. When Doug and I initially went to see him, he was scared by our proposal and ready to say no. We had to work quite hard to get him back on board. His sous-chef met with us and then convinced Daniel because he saw our intensity and commitment.

We said that rather than their familiar beautifully presented foods, the food had to be either unusual taste combinations or presented in an unusual way. We also had huge constraints in terms of time and budget. We all agreed to go home and come up with suggestions. When we met a week later, Daniel was wonderful. His initial reaction had been that he couldn't afford to be

seen playing with food – he had his empire at stake. Recognizing that the artificial dyes we used to color the pasta might pose a significant problem for Daniel, Doug suggested that using only natural dyes might satisfy Daniel's sense of what separates playing with food from working with food, so I made a whole bunch of stuff using beets and spinach and squid's ink. The colors were lovely but had a muted quality, not the kind of punch they had when we used bakers' food coloring. And when we got together to compare notes, Daniel's team presented a rouget floating in a blue Curaçao jello mold. We laughed about the fact that the blue in the blue Curaçao was definitely "natural." That joke gave us the latitude to use synthetic food coloring.

At this exchange of ideas, I made cakes from a recipe of Daniel's, which I put inside balloons and steamed. We served the dish with a pin – you just popped the balloon. Meanwhile, Daniel's team had come in with an inflated balloon in which was a chocolate cake – they had done it by freezing the cake, wrapping the balloon around it and then inflating the balloon. Daniel also came up with the wonderful idea of stringing tapas like appetizers on butcher's twine, dangling them off of broom handles and having them snipped into the guests' mouths; and finger food, appetizers served on gloved fingers on trays.

It was a lovely exchange. Daniel was such a free spirit and such a great artist – he could draw well – and when asked to think outside the box he came up with brilliant ideas that showed how adventurous he was prepared to be if only he was given license, once his creativity was no longer hampered by the reputation he needed to uphold.

We also had to compromise. It was very, very important to us that the paintings people ate be the actual paintings they had selected and that there not be a sleight-of-hand where the kitchen would have prepared things beforehand and then serve that in lieu of the painting the diners had seen, in effect lying about cooking the painting. But Daniel's crew objected violently to the fact that we wanted to boil and serve a hundred and twenty individual portions of pasta and make sure that the right person got the right piece of pasta. That would have been a huge logistical hassle. So we made paintings that would feed ten people. These larger canvases were definitely more dramatic, and they created their own communities: people would be sitting at the same table because they shared the taste of the other diners, proven by the fact they had chosen to eat the same painting.

DOUG/ What does it mean to eat a painting? Why limit words to the printed page? Eat poetry! Why limit painting to the confines of a frame or food to a plate?

Sometime after Mimi and I had bumped into each other for the second time and had started to collaborate, we went to a Fernand Léger show at the MOMA. Independently, we both found a painting called *Forest* arresting for similar reasons. It was actually a very simple painting, composed of three basic shapes: one was green and soft, another was black and angular with thorn-like appendages, and the third was red or yellow. I was drawn to the way it didn't look like a forest as much as feel like one. Léger had encapsulated the fearful feeling of entering a forest – unknown territory – the wild wood of the subconscious – by distilling trees, thickets, darkness and impenetrability, and inventing imagery to evoke that feeling.

It suddenly occurred to me that what he had done was something akin to making a tomato sauce. Both painting and sauce are interpretations of the natural world. Each represents a human perception about nature – in the first case a forest and how it is scary; in the second, a tomato and how it is delicious. A subjective feeling is analyzed and objectified – maybe dissected into its constituent elements, which are then recombined into a new composition. An image of a forest is reduced to a few symbolic elemental parts – something intriguing, mysterious and inviting crossed with something sharp and deterring. The canvas has been forestified. Léger had taken the fear of entering an unknown forest and transfigured it into an image that was, well... digestible.

Similarly, in a tomato sauce, the flavor of a tomato is isolated from its natural form and texture and concentrated into an essence. With this essence you can tomato-ize pasta. The pasta is the canvas for the flavor of the tomato. In both instances nature has been transformed by a process guided by human perception and intervention into a kind of artifice that evokes something particularly human in the context of nature. Art might therefore be a distillation of essences from the world that surrounds us.

M/ Léger's *Forest* conveyed so much more about the emotional reality of a forest than a realistic photograph could have done. I was struck by painting as a form of prayer. If you are in need of comfort or direction, when nothing seems to be working out, prayer is a process of calming thought. At first it may be mechanical, the utterance of a few familiar phrases to ease nervous anxiety. But gradually, prayers go beyond mere words to a tangible, profound sense of peace. This process, whereby a collection of material symbols can transport you to another emotional state, felt similar to my experience of this painting, which was so much more than the sum of its parts.

In the West, traditional art has been taken out of the context of everyday life and placed apart, in museums, in galleries, enshrined behind glass. There is a distance imposed by the fact that we appreciate a painting or sculpture with our eyes, and yet cannot touch or smell it. Similarly, we also perceive the spiritual as something elevated and apart, to be experienced at special times, in special places. Yet art and spirituality are as vital to our life as food, demanding active engagement. By using food as a means of accessing the aesthetic experience we have been exploring that active engagement, and the inseparability of art from life.

Sustenance incorporates food in the spiritual sense of the word. In the Bible, Jesus teaches, but he also feeds the multitudes. It's the practical application of his teachings, the fact that if we imbue all aspects of our daily life with deeper spirituality, mindfulness, gratitude to God expressed in thankfulness and prayer, then we will be fed, we will not go hungry. It's a tangible source of support in our lives. Prayer is about feeling close to God, bringing God into all of our life. It's the same idea as bringing art into all aspects of our daily life. It's part of the same mindfulness, a desire to see and experience beauty, a deeper connection with other people, community, and a deeper connection to something lasting, something of spiritual import.

Good Taste in Art has been one of the easiest Orphic projects to describe, and to convey our exploration of these issues. There's the play on words *"Good Taste in Art"* – how do you consume your art? There's the sense that you are taking the art out of the painting and ingesting it. You are turning the art into an experience: no material object is left that bears any resemblance to the painting, unless you photograph it.

D/ You go to a museum to *see* a painting. In a sense, you eat it: you absorb its image with your ocular organs. You don't own the painting, but you own your experience of the painting. You notice how a certain brushstroke approximates light, you love a color, marvel at a composition, consider the life of the artist etc. Ruminating like this, you digest the work of art and make it yours. You don't need to own the painting in order to own the art within it – that exists like the air to be inhaled. The art you've breathed in becomes a part of you, kept somewhere in your mind or your soul and stays there for the rest of your life.

M/ We've been drawn to that moment of transcendence from being pedestrian to something far, far greater than what's materially obvious. With the *Baguette*, that moment came when the community joined together and the bread lifted off and was put in the oven: a community gathered that did not normally gather. With *Good Taste in Art*, you don't have a painting left at the end of the night. What's deeply meaningful is not a material object but the quality of your experience. That is what remains.

Images digérées (ou non)

Digested Images (or not)

Digested Images raconte la métamorphose des choses que nous choisissons d'ingérer en quelque chose de complètement autre – quelque chose auquel nous ne voulons plus penser.

Digested Images *is about the metamorphosis of the things we choose to put into ourselves into something we no longer like to think about.*

Poussière tu es né,
poussière tu retourneras

MIMI / Jamais on n'imagina que l'on pourrait présenter de superbes matières fécales, appeler cela de l'art et collaborer sans gêne aucune avec… des larves.

En travaillant sur *Good Taste in Art,* on était particulièrement contents de la belle tournure que prenaient ensemble les couleurs et l'effet "coups de pinceau". On fit même des fournées supplémentaires des "traits de pinceau" séchés avec l'idée d'en faire quelque chose ultérieurement, puis on les stocka chez moi à New York.

Durant plusieurs semaines de l'été 2002, je remarquai que des petites bestioles voletaient dans la maison. Elles s'agglutinaient sur les fenêtres du salon et de la chambre des enfants. Un samedi matin, je montai dans leur chambre et je vis que le plafond était couvert de blattes noires. Difficile de décrire la révulsion et le dégoût que je ressentis quand je vis murs et plafonds grouillant de taches noires, et l'horreur à la pensée que ces bestioles avaient vécu, mangé et déféqué juste au-dessus du lit de mes enfants. Je criai à en perdre haleine. J'appelai Doug et j'insistai pour qu'il vienne immédiatement.

Quand nous sommes montés par l'échelle dans le grenier, c'était encore pire. De minuscules larves rose-marron rampaient partout sur le sol. Il était devenu impossible de s'asseoir ou de se tenir debout sans les écraser. J'explorai timidement du regard l'intérieur de la grosse boîte blanche dans laquelle nous avions stocké nos magnifiques pâtes colorées. Quand j'en soulevai le couvercle, une poudre colorée et de petites larves semblables à des pellicules s'envolèrent et voltigèrent. Il y avait une étrange odeur de moisi et plus aucune trace des pâtes. J'avais la chair de poule, le cuir chevelu me démangeait et je ne pouvais m'empêcher de pousser des cris perçants toutes les deux minutes. Kazuma et Takuma se hissèrent sur l'échelle. "Fais-moi voir, fais-moi voir." J'étais terrifiée à l'idée qu'ils puissent tomber, que les vers grimpent sur moi, sur eux.

Puis il y eut l'horreur de constater tout ce travail détruit. On avait tellement bossé pour faire ces "traits de pinceau", perfectionnant les couleurs, perfectionnant notre technique. C'était un moyen d'expression pictural qu'on avait appris à maîtriser au fil du temps.

Quand on fit les premiers tableaux de pâtes, les couleurs étaient superbes, mais, étant donné que les colorants alimen-

taires sont essentiellement utilisés par les pâtissiers pour faire des fleurs, on ne put faire que des variations autour du rose, du violet et de l'orange. On apprit à ajouter du blanc pour la luminosité et, avec le temps, Doug avait créé toute une palette de mélanges subtils. Puis on développa une façon de composer ces tableaux en mettant les "coups de pinceau" dans des cadres en bois posés à l'intérieur d'un encadrement gris foncé. De simples boîtes minimalistes avaient élevé des pâtes au rang d'œuvre d'art.

Mais les larves et les blattes étaient également entrées dans toutes les pièces encadrées. Je pensai au tableau qu'on avait vendu pour plus de mille dollars. Les blattes y feraient-elles un tour aussi ? Cela semblait être juste une question de temps.

Je me demandai si cette infestation était significative de quelque chose de profondément faux ou malencontreux dans le travail qu'on avait fait. Peut-être était-ce le signe qu'on devait arrêter, que notre collaboration touchait à sa fin. Je me battais avec l'idée que nous n'aurions jamais dû essayer de préserver notre travail. Après tout, on s'était approprié le mot "orphique" de Guillaume Apollinaire qui

l'avait tiré d'Orphée, le modèle d'une sorte de pureté d'intention qui, pensait-il, décrivait les tableaux abstraits du mouvement cubiste, le travail d'artistes comme Delauney et Picabia. Cette "peinture pure" émergeait d'un désir de dépeindre une réalité émotionnelle au-delà des limites de la peinture figurative. Pour nous, le mot "orphique" saisissait la sensation de la nourriture en tant que pure expérience.

En fin de compte, je me suis toujours sentie mal à l'aise avec la notion d'installation permanente. Pour moi, ce travail avait été le sujet d'une sorte d'expérience éphémère mais profondément ressentie. Pendant longtemps, j'étais même réfractaire à l'idée d'illustrer notre travail par des photos car je pensais que nous faisions marche arrière en matérialisant l'art, en ayant quelque chose à montrer. Je voulais tellement que l'expérience soit un souvenir non rattaché à un objet.

Je suis plus à l'aise avec la mémorisation de l'expérience quand elle concerne l'imagerie du repas : des conserves orphiques. On prend des bocaux et on y met tous les restes du repas, comestibles et non comestibles. Puis on met sous vide et on stérilise. Cela devient des souvenirs d'*Orphic Feasts*

– des souvenirs en bocaux. On continue à les utiliser et à s'y référer. Chaque bocal est un moment mis en conserve.

Mais il y eut toujours un caractère éphémère essentiel dans notre travail. Peut-être le message des blattes était-il que nous avions échoué à être dans le vrai avec cette notion. Par-dessus tout, j'avais le sentiment écœurant d'efforts gâchés.

En attendant, il nous fallait sortir les tableaux de la maison. On les enveloppa puis on les fit expédiéer au studio de Doug. On pensait pouvoir en récupérer quelque chose et on décida qu'on s'occuperait du problème à la fin de l'été.

Quand on revint à New York, on découvrit que les bestioles avaient continué à produire des crottes ; les cadres restèrent dans le studio de Doug durant l'automne et l'hiver. Des larves émergeaient de temps à autre, devenant plus actives à l'approche de l'été.

Quand Doug regarda les pâtes dévorées par les blattes, il remarqua que l'espèce de petite poudre colorée était en fait leurs propres excréments et que leurs déjections étaient de la même couleur que les pâtes qu'elles avaient mangées. Après tout, dit-il, ces tableaux ont été conçus comme des tableaux comestibles et ils ont été mangés à dessein mais pas par des humains. Si nous pouvions d'une certaine manière conserver ces déjections, nous pourrions intégrer le processus complet de digestion dans notre travail.

Le cycle de la digestion : les bestioles mangent les pâtes, puis défèquent, larves se

transforment en blattes et s'envolent. Tout cela n'était pas si différent du processus de la pensée : on s'empare d'un sujet, on l'analyse, on l'organise, on garde ce qui fait sens et on se débarrasse du reste.

DOUG / Au début, quand nous étions encore plus impliqués dans les aspects purement éphémères de nos tentatives orphiques (et donc moins convaincus du pouvoir de la photographie pour immortaliser nos efforts), on parlait beaucoup de produire des instants mettant en scène des expériences qui seraient conservées sous la forme de souvenir. On débattait du fait qu'un dîner partagé est souvent une façon de marquer un moment important, car c'est un engagement par la voie multisensorielle de s'imprégner de l'expérience. Quand tous vos sens sont impliqués, vous êtes plus à même de vous rappeler le moment.

En 2006, nous avons été invités au Portugal pour participer au festival d'art *Escrita na Paisagem*[37]. Nous avons invité les habitants de la petite bourgade de Vila Nova de Milfontes, ainsi que d'autres artistes présents à nous rejoindre dans la fabrication de ce que nous appelâmes les *Orphic Memory Sausages*[38]. Dans un sens, c'était une extension des conserves orphiques que nous avions faites à partir de restes de repas mais, cette fois, il s'agissait de collecter des souvenirs, de les mélanger et de les incorporer à de la nourriture (nourriture pour la pensée, en fait), plutôt que d'utiliser les restes d'un repas spécifique pour conserver le souvenir d'un événement spécifique.

Peinture digérée / *Digested painting*

Consommation consumée / *Consumption*

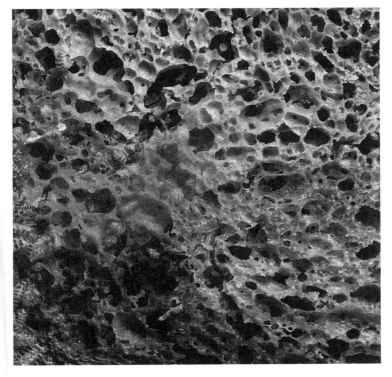

À la suite de notre première *Orphic Feast* post-futuriste à Tokyo, un ami me signala que si nous voulions être pris au sérieux en utilisant la nourriture comme moyen d'expression, il nous faudrait prendre en compte tout le cycle de la consommation : manger, digérer, utiliser l'énergie des nutriments et évacuer les déchets, tout ceci représentant de la matière pour le travail orphique. On se battait déjà avec le concept "Nourriture/Art", on n'était pas encore prêts à travailler sur le concept "Merde/Art".

À un moment, on réalisa une série de petites *Orphic Feasts* pour quelques amis, où nous servions de la "bête mythique". L'idée était de saisir le goût d'une créature totalement inventée. Pour le dessert, on servait ce qui ressemblait beaucoup aux excréments de ladite bête – qui était, en fait, une mousse au chocolat, passée au travers d'un pochoir, et servie dans une ravissante coupe en porcelaine. C'était un moyen hilarant et délicieux pour terminer un repas.

On fit également quelques expériences avec les colorants alimentaires pour voir si on pouvait rendre nos propres excréments plus colorés (il n'y a que la betterave et l'encre de seiche qui fonctionnent) mais rien de très intéressant jusqu'au jour où Mimi découvrit les blattes dévorant nos tableaux comestibles.

Digested Images raconte la métamorphose des choses que nous choisissons d'ingérer en quelque chose de complètement autre – quelque chose auquel nous ne voulons plus penser. *Digested Images* raconte également la transformation de la substance en énergie/esprit. Ce que nous prenons en nous disparaît en nous et en ressort différemment, mais ce qui reste en nous devient l'énergie qui nous permet de faire les choses que nous faisons.

Se démener pour trouver de la beauté en une chose qui n'est pas normalement considérée comme belle (comme les asticots qui réduisent votre travail en poussière) – l'effort pour transformer la répulsion en estime –, c'est ce que signifie digérer – digérer une image, ruminer une pensée ou un sentiment, accepter quelque chose de nouveau, et comprendre comment il y a de la valeur dans sa propre finalité. La digestion est l'absorption de choses qui ont de la valeur et le renoncement à d'autres qui n'en ont pas. Manger peut être perçu comme une pensée physique. La nourriture pensée de cette façon est ce que nous appelons l'*Orphic Fodder*[39] avec ses significations polyvalentes qui incluent le masticage, la pensée et la méditation.

Je me rappelle avec dégoût de la découverte des tableaux de pâtes réduites en poussière colorée, je réalisai alors que les insectes nous avaient fait un cadeau merveilleux. Ils avaient transformé nos magnifiques tableaux comestibles en magnifiques "tableaux de merdes" et avaient fait cela entièrement par des moyens naturels : manger, digérer et transformer le travail de quelque chose d'éphémère en quelque chose de durable. Ils avaient sauvegardé nos tableaux en les mangeant. En faisant cela, ils nous avaient permis d'intégrer

Dîner pour mites embarrassées
Dinner party for confused flour beetles

tout le processus digestif d'une façon belle, humoristique et donnant à réfléchir. La digestion devenait une merveilleuse métaphore à travers laquelle imaginer tout le processus de la vie. Étant donné que nous sommes et faisons partie intégrante de tout ce cycle de développement, d'évolution et de décomposition – que nous sommes ce que nous mangeons et que nous sommes mangés quand nous ne sommes plus –, pourquoi est-ce si déplaisant de contempler ce que nous avons consommé une fois que nous l'avons consommé ? Peut-être que si l'on passait plus de temps à suivre tout le processus depuis la consommation jusqu'à la déjection, on choisirait ce qu'on mange avec plus de soin et on serait meilleur à se fabriquer nous-même.

Il y a plusieurs années, on a sérieusement étudié l'idée de décadence, essayant de comprendre ce que qualifier quelque chose de décadent signifiait réellement. Décadence vient du latin *cadere* qui signifie tomber ; par extension, le mot s'apparente à la notion de déclin. D'une façon presque ironique, les fruits atteignant leur maturité sont plus sucrés lorsqu'ils se mettent à pourrir, à décliner. L'instant où une chose commence à décliner peut être vu comme le pivot, le point d'équilibre entre la vie et la mort. Au temps jadis, le gibier était suspendu et considéré plus goûteux quand la chair se décomposait sous l'action des enzymes. Les civilisations (comme celle de Rome) atteignaient un apogée puis déclinaient et s'effondraient, alimentant le développement d'autres cultures.

Le mot englobe une dimension morale, suggérant une auto-indulgence débridée et un déclin moral. Ces connotations pourraient bien provenir de la répugnance naturelle au témoignage du déclin et du développement d'un sentiment protecteur de dénégation de notre inévitable mort. Dans tous les cas, d'un point de vue orphique, considérer le processus de déclin comme une part de la nature était fascinant. On se demandait comment on pourrait célébrer ce déclin comme une étape du cycle de la vie plutôt que comme un aspect déplaisant auquel il fallait éviter de penser.

Excréments de tableau
avec traces des convives
Excreted painting with trails of guests

M/ Dans *Digested Images,* on a montré le travail à tous les états de la décomposition. C'est étonnant comme les déjections étaient belles. Les pâtes avaient été mangées, mais leurs ombres tracées restaient sous les déjections laissées par les blattes. On invita les bestioles à dîner en plaçant des pâtes sur une serviette en lin à l'intérieur d'un cadre en bois placé à l'horizontale. Elles acceptèrent, laissant un souvenir démonstratif de ce festin.

J'ai un tableau à la maison que l'on fit à l'automne. On prit une grande toile et des planches en médium ; on y déposa les crottes, les cocons larvaires, des restes de pâtes et on écrasa le tout ensemble. C'est un tableau que nous aimons beaucoup tous les deux. Il est accroché chez moi à l'heure actuelle, et il est toujours actif, vivant et change tous les jours. Les blattes et les larves y ont fait des crottes multicolores. Tous les jours, les excréments s'accumulent sur le cadre et, toutes les semaines, il faut les enlever, les nettoyer car ils tombent sur les fauteuils situés sous le cadre. Les couleurs sont surprenantes. Il y a une accumulation de crottes couleur magenta qui s'entassent dans le bas à droite et qui proviennent d'une ligne ondulée de pâtes roses. Les blattes semblent indestructibles. On vaporisa la toile d'insectifuge mais cela ne fit aucune différence. Je commence à être un peu ennuyée par une légère odeur qui semble flotter dans ce coin précis de l'appartement mais il se peut que je sois devenue extrêmement sensible. Personne n'a fait de commentaire jusqu'à présent.

À l'automne dernier, je découvris que nos autoportraits en pâtes avaient aussi des blattes, et que la paraffine qui maintenait nos visages en place était en train de fondre avec la chaleur de l'été et sous le poids des pâtes. Le visage de Doug était carrément tombé en bas du cadre. C'est trop compliqué de garder des trucs comestibles en l'état, alors on décida de tout photographier et puis de prendre des clichés des pâtes en train de cuire et d'être mangées – ce qui représenterait la dernière étape de notre travail –, nos deux portraits en pâte se confondant dans l'eau bouillante et nous en train de les manger.

Lors de l'exposition *Digested Images* à la Green Gallery, on prépara un dîner qui mettait en scène ce qui était arrivé à notre travail : on refit des tableaux de pâtes et on prépara un pâté avec des vers de farine qu'on s'était procuré en Arizona. Quand la livraison arriva, ça grouillait de vie, et un millier de vers produisait un boucan épouvantable. Tout ce truc vibrait d'une énergie palpable que l'on pouvait entendre, sentir et voir. Ce fut un gros boulot de transformer un millier de bestioles en pâté. Ce fut relativement goûteux. On les servit dans de petites coupelles avec une feuille dorée sur le dessus pour exprimer le côté chic et beurk. La boucle était bouclée : les blattes avaient mangé notre travail, et nous avions mangé les blattes.

Digested Images fut un formidable aboutissement avec une destruction terrible, une célébration de la reconquête de notre travail et de la capacité à appréhender une certaine transformation opérée sur lui en notre absence.

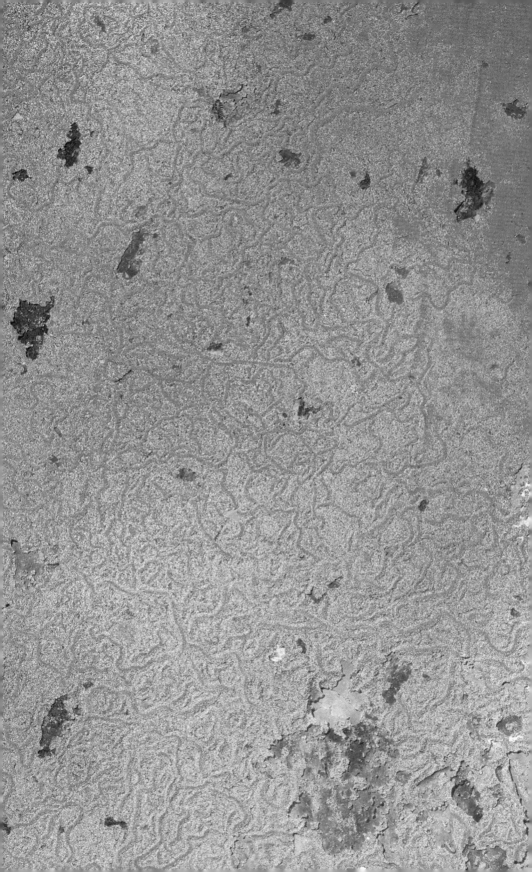

Orphic Memory Sausages

D/ L'idée était d'utiliser la saucisse comme métaphore pour emprisonner et incarner les moments du passé et faire entrer des souvenirs personnels dans un nouveau royaume plutôt que de les garder dans le fond de son esprit. On invita les gens à apporter tout ce qui évoquait pour eux le souvenir d'un lieu, d'un instant ou d'une expérience qu'ils souhaitaient transformer en chair à saucisse, des souvenirs d'un genre qui pourraient être réduits en petits morceaux. Cela pouvait être un vieux CD, une cassette, une assiette ébréchée, un vêtement usé, une chaise cassée, un bouquet de fleurs fanées, un agenda, un bottin, des photos, du foin, du poisson séché, le journal d'hier, un tableau, un vieil appareil, des mèches de cheveux, une peluche empaillée, tout ce qui pouvait être écrasé, pulvérisé et réduit au mortier, avec des marteaux, des pierres, des couteaux, des ciseaux ou avec quoi que ce soit qui permettrait d'en faire une pulpe grossière. Cette farce serait introduite dans des boyaux de porc et le tout mis à sécher au soleil. La carte postale d'invitation annonçait : "Chacun pourra emporter chez soi à la fin de la journée un morceau de mémoire collective".

Certains y virent l'occasion d'exorciser des souvenirs pénibles, comme des projets ayant mal tourné, des ruptures, tandis que d'autres en profitèrent pour remuer de bons souvenirs qui, d'une certaine façon, les transporteraient dans un réservoir commun d'espoirs et de rêves. En remplissant les boyaux de ces souvenirs collectifs, nous suggérions que quelque chose qui avait été mal vécu ou même des sentiments secrets non partagés pourraient être transformés ou digérés par une plus grande communauté. Les saucisses sont reliées les unes aux autres et nous créons des liens [40] entre elles en mêlant nos expériences passées et en expérimentant ensemble la création de ces saucisses.

Les saucisses étaient loin d'être mangeables même si elles ressemblaient à l'authentique produit et dégageaient la même odeur, au point qu'un chien vienne dans la nuit et en chipe une. Il avait mastiqué la moitié d'un boudin puis l'avait recraché, nous permettant d'en inspecter le contenu le lendemain matin : des brisures d'un vieux vinyle, des fragments de la carte mère de ce qui fut l'ordinateur le plus rapide du monde, un bout de chaussette, un morceau d'appât à poulpe, des petits mots évincés de leur contexte originel. C'était gratifiant de voir quelle salade nous avions faite avec tous ces trucs. Les gens avaient apporté ce qui représentait leurs émotions, leurs inventions, leurs promesses, leurs souvenirs, leurs échecs et leurs succès – tous mêlés en une égale importance à l'intérieur de cet

Carton d'invitation / *Invitation*

étrange et membraneux engin à momifier les souvenirs.

On fit un cercle de chaises pour définir l'espace où les gens apporteraient leurs offrandes. On pourrait y pulvériser aussi bien son propre souvenir que celui d'une autre personne. C'était une belle activité de groupe. Chacun était occupé à faire des choses avec ses mains, et le travail était suffisamment simple pour permettre à chacun de dialoguer avec les autres et de voir qui ils étaient et où ils en étaient. La destruction de tous ces objets ressemblait diablement à la création de quelque chose. De simples objets étaient réduits en une sorte d'essence, de matériau transformé en quelque chose de métaphorique et d'intangible. Cela ressemblait à une sorte d'alchimie – faire quelque chose à partir de rien – et aussi à un rituel destiné à chasser de vieux démons personnels, s'en libérer et les offrir en pâture au subconscient collectif.

Considérons les deux définitions du mot "ruminer" : régurgiter les aliments pour les mâcher à nouveau (ce que font les vaches) et repenser sans cesse à quelque chose. Ainsi le "fourrage" n'est pas seulement ce qui est ruminé par les vaches, c'est aussi "les personnes, les idées et les images utiles pour stimuler une réponse créative ou critique", telle "la nourriture de l'esprit"… (quelque chose à ruminer).

Saucisses orphiques farcie de mémoire collective / Orphic sausages stuffed with collective memory

Digestion as a Metaphor for Life

MIMI/ We never thought we'd be presenting beautiful fecal matter, calling it art, or collaborating with larvae without embarrassment.

Working on *Good Taste in Art*, we were particularly pleased with the beautiful way the colors and the brushstrokes had come together, so we made extra batches of large dried brushstrokes with the idea that we would do something with them at a later date, and stored them in my loft in New York.

For several weeks that summer I noticed little black beetles flying around the house. They clustered by the windows in the living room and my children's room. One Saturday morning, I went into my kids' room and the ceiling was seething with black beetles. It's hard to describe the revulsion and disgust I felt looking at the room throbbing with black specks, or my horror at the thought that these beetles had been living, eating and shitting right above my children's beds. I screamed at the top of my lungs. The kids came running; my husband popped up from bed in a sleepy daze. I called Doug and insisted that he come over immediately.

When we crept up the ladder to the loft, tiny pinkish brown worms were crawling all over the floor. We couldn't sit or stand anywhere without squishing them. I peered into a white foam-core box, which had been filled with our beautiful colored pasta. When I opened the lid, there was a strange mildewed musty smell and no sign of pasta. A fine colored powder and dandruff-like larvae casings fluttered into the air. My skin was crawling, my scalp itched, and I couldn't help squealing every few minutes. My sons, Kazuma and Takuma, kept clambering up the stepladder. "Let me see, let me see!" I was terrified that they would fall off, and that the worms would get on me, on them.

Then came the horror at the sheer amount of work the worms had destroyed. We had worked so hard to make these brushstrokes, perfecting our technique in this painterly medium, mastering it slowly over time.

When we first made the pasta paintings, the colors were beautiful, but given the fact that food coloring is primarily used by bakers who make floral cakes, we were only able to get variations on pink, purples and oranges. We put eggs in the pasta, so the food coloring had to balance out the yellow from the eggs. We learned to add white for luminosity. Over time, Doug had learned to mix a beautiful sophisticated palette. We dried the long noodles on racks, turning them every half an hour so that they would dry flat and evenly.

We had developed a way of composing the paintings by putting the brushstrokes in wooden box frames set within a dark gray frame. Simple spare boxes, backed with linen, had elevated the pieces of pasta into a work of art.

But the larvae and beetles had gotten in all the framed pieces too. We had unwittingly invited the bugs to dinner, by placing some pasta on a linen napkin in a horizontal wooden frame. They had accepted, leaving an exuberant souvenir of their feast. I thought of the painting that we had sold for more than a thousand dollars. Would the beetles find their way into that? It seemed only a matter of time.

I wondered if perhaps this infestation was indicative of something profoundly wrong or misguided about the work. Perhaps this was a sign that we should stop, that our collaboration had run its course. I battled with the idea that we should never have tried to preserve our work. After all, we had appropriated the word "Orphic" from the French poet, Guillaume Apollinaire, who had used it to describe a kind of "pure painting" that grew out of a desire to depict an emotional reality beyond the bounds of representational painting. For us, the word "Orphic" captured a sense of food as pure experience.

I have ultimately always been uncomfortable with the notion of a permanent installation. To me this work has been about a kind of ephemeral but deeply felt experience. For a long time, I was even resistant to documenting our work with photographs, because I felt that we were going backwards by materializing the art, having a "thing" to show for it. I had wanted the experience to be a memory, not tied to a thing.

I am more comfortable with memorializing the experience in a way that is consistent with the imagery of a meal: *Orphic Preserves*. We take Mason jars and put the leftovers from the meal, edible and inedible, into the jars and vacuum pack them, boil them until all the air is forced out. They become souvenirs or Orphic Feasts – memory in a jar. We continue to use them and refer to them – each one is a preserved moment.

But perhaps the message of the bugs was that we had failed to be true to the essential ephemerality of our work.

Above all, I had the sickening feeling of wasted effort. Meanwhile, we had to get the paintings out of the house. We wrapped each of them up in multiple garbage bags, taped them shut, and shipped them off to Doug's studio in New York. We thought perhaps something could be salvaged, and decided to deal with the problem at the end of summer.

When we came back to New York we discovered that even inside the layers of plastic, the bugs had continued to produce poop. We left the framed pieces at Doug's studio during the fall and winter. Larvae emerged from them once in a while, becoming more active as summer approached.

When Doug looked at the pasta devoured by the bugs he realized that the colorful dust-like powder was the bugs' own poop, and that what they had excreted was the same color as the pasta they had eaten. And after all, he said, we had designed them as edible paintings. They were being eaten as intended – just not by humans. If we could somehow preserve this poop, we could incorporate the entire process of digestion into our work.

The cycle of digestion – bugs eating the pasta and then pooping it out, the larvae turning into beetles and flying off – was not unlike the process of thought, where you take something in and analyze it, process it, keep what is of value to you and discard the rest.

DOUG/ Early on, when we were more invested in the purely ephemeral aspects of our Orphic endeavors (and therefore less convinced in the power of photography to record our efforts), we talked a lot about producing "moments" – staging experiences that would be encapsulated in the form of memories. We talked about how dining together is often a way of marking an important moment, because it is a commitment to a multi-sensory way of absorbing experience. When all your senses are engaged, you are more likely to remember the moment.

In 2006, we were invited to participate in the festival of performance art known as *Escrita na Paisagem* (Writing on the Landscape) in Portugal. We invited locals from the small town of Vila Nova de Milfontes as well as other artists from the festival to join us in the making of something we called *Orphic Memory Sausages*. In a way, the sausages were an extension of the *Orphic Preserves* we had made from leftovers of previous meals, but this incarnation was about collecting and mixing memories and putting them into the food (food for thought, that is), rather than using the remains of a specific meal to preserve the memory of that specific event.

After our first post-Futurist Orphic Feast in Tokyo, a friend pointed out that if we were serious about sustenance as an expressive medium, we should consider the whole cycle of consumption: eating, digesting, using the energy from the nutrients and excreting the waste, all as fodder for Orphic work. We were already struggling with the concept of "Food/Art" at that time and were not quite ready to make "Shit/Art."

However, at one point, we did a series of little Orphic Feasts for a few friends where we served "mythical beast." The idea was to embrace the flavor of a totally invented creature. For dessert, we offered up what looked very much like the excrement of said beast – which was actually chocolate mousse, squeezed though a wide-mouthed pastry tube, into an elegant porcelain bowl. It was a hilariously subversive and delicious way to end a meal.

We also tried a few experiments with ingested food coloring to see if we could make our own waste products more colorful (only beets and squid's ink worked) but nothing seemed very interesting until the day Mimi discovered the flour beetles devouring our edible paintings.

Digested Images is about the metamorphosis of the things we choose to put into ourselves into something we no longer like to think about, but also about the transformation of sustenance into energy/spirit. What we take into ourselves disappears inside us and comes out very different, but the part that remains inside us has become the energy to allow us to do the very things we are doing.

Struggling to find the beauty in something not normally considered beautiful (such as a bunch of maggots eating away at your work) – the effort to transform repulsion into appreciation, that is what it means to digest

– to digest an image, to mull over a thought or feeling, to accept something new and understand how it has a value on terms all its own. Digestion is the absorption of things that have value and the discarding of things that don't. Eating as physical thinking. Food thought of in this way is what we like to call *Orphic Fodder*, with its multivalent meanings that incorporate chewing, thinking and meditating.

I remember squeamishly uncovering a pasta-covered panel that had disintegrated into pastel-colored dust, when I realized the insects had given us a wonderful gift. They had transformed our beautiful edible paintings into beautiful "shit-paintings" and had done so entirely by absolutely natural means: eating, digesting and processing the work from something ephemeral into something permanent. They had preserved our paintings by eating them. In so doing, they allowed us to incorporate the whole digestive process in a way that was beautiful, humorous and thought-provoking. Digestion became a wonderful metaphor through which to imagine the whole process of life. Given the fact that we are part and parcel of this whole cycle of growth, change and decay – that we are what we eat and are eaten when we are no longer – why is it so unsavory to contemplate what we've consumed once we have consumed it? Perhaps if we spent a little more time following the whole process from intake to output, we would choose what we eat more carefully and thus be better at making ourselves.

Several years back, we took a serious look at the notion of decadence, trying to understand what it actually means to call something "decadent." The word comes from the Latin *decere* which means "to fall" or "decay," which, aside from being a natural process, has a range of meanings from "a decline in quality" to "the fading away of a musical note." In some beautifully ironic way, fruits are their ripest and taste the sweetest just as they begin to decay. The point when a thing begins to decay might be seen as the fulcrum for its balance of life and death. In older times, game was hung up and deemed most flavorful when the enzymes in the meat had begun to cause the flesh to decompose. Cultures (like Rome) reach their greatest potential, then turn decadent and collapse, feeding the development of other cultures.

"Decadent" has a much more derogatory connotation than it might, considering its root. "Decadence" takes on a moral perspective, suggesting uninhibited self-indulgence and moral decline. These associations may well have sprung from the natural repugnance of witnessing decay and the development of a protective sense of denial about our own inevitable demise. But seeing the process of decay as a part of nature was fascinating from an Orphic standpoint. We wondered how we might be able to celebrate decay as a part of the cycle of life, rather than as an unpleasantness to avoid thinking about.

M/ For *Digested Images*, we exhibited the work in all the different states of decomposition. It's amazing how beautiful the poop was. Where we had placed pasta on Plexiglas or on the linen-covered frames we had made, the pasta had been eaten away but its lovely shadows were left behind.

I have a painting that we made in the fall after the first paintings were wrapped up. We got a large canvas and dumped the poop, larvae casings, and pasta leftovers on the canvas and smushed it all together with some matte medium. It's a painting we both like a lot. It's hanging in my home now, and is still quite active, alive and changing daily: bugs and larvae are making multi-colored poop in it every day. Poop accumulates on the frame; and every week, we have to clean off the poop that falls on the dark leather chairs below. The colors are quite amazing. There is a growing pile of magenta in the bottom right corner that comes from a small squiggle of pink pasta way in the top right corner of the painting. The bugs seem pretty indestructible. We've sprayed this painting with bug repellent and it doesn't seem to make any difference. I'm starting to get a little bothered by a slight odor that seems to hover around that particular part of the loft, but then I could be being extremely sensitive. No one else has commented on it yet.

I discovered our pasta self-portraits also had bugs, and the paraffin that was holding our faces in place was melting with the summer warmth and the weight of the pasta. Doug's face had slumped down in the frame. It's too hard to keep the edible stuff in an edible state, so we decided to photograph everything, and then photograph the process of cooking and eating the pasta –

that would be the ultimate work – a photo collage of the two pasta portraits melting into a pot of boiling water, and us eating them.

At the gallery show of *Digested Images*, we had a dinner that played with what had happened to our work: we made pasta paintings and also prepared a pâté from mealworms that we got from Arizona. The shipment arrived, teeming with life – a thousand worms, making a racket. The whole thing pulsated with a palpable energy: you could hear it, feel it, see it. It was a lot of work to turn one thousand worms into a relatively tasty paste. We served them with tiny cups with gold leaf on top as sort of a high/low expression. And we closed the circle: the bugs ate our work, and we ate the bugs.

Digested Images was a wonderful coming-to-terms with tremendous destruction, a celebration of reclaiming the work, and of being open to the kind of transformation that the work went through in our absence.

Orphic Memory Sausages

D/ The idea was to use sausages as a metaphor for encapsulating moments past, and formally ushering personal memories into a new and more intentional realm rather than simply keeping them in the back of your mind. We invited people to bring anything that evoked a memory of a place or time or experience that they wished to transform into sausage – some sort of souvenir that could be chopped up into tiny pieces. It could be an old CD or cassette tape, a cracked plate, a worn-out article of clothing, a broken chair, a bouquet of wilted flowers, a diary, a telephone book, photographs, harvested hay, dried fish, yesterday's newspaper, a painting, an obsolete appliance, hair from a haircut, a stuffed toy – anything that could be smashed-up, pulverized and blended with mortars and pestles, hammers and stones, knives, scissors or whatever it might take to merge everything into a great pulp to be stuffed into pig intestines and hung to dry in the sun. The postcard advertised: "Everyone will be able to take home a piece of collective memory at the end of the day."

Some people used the opportunity to exorcise painful memories, like projects gone bad or failed relationships, while others used it to process good memories in a way that would send them into a collective pool of affirmative hopes and dreams. By stuffing these collective memories into intestines, we suggested that something you might have found difficult to deal with personally, or even feelings you wanted to share, could be processed or "digested" by a larger community. Sausages come in links, and we were creating links to one another by mingling our past experiences and by sharing the experience of creating the sausages.

The sausages were not remotely edible, although they looked and smelled enough like the genuine article for a dog to find one in the middle of the night. He chewed off half a link, then spat it out, allowing us to revisit the contents the next morning: little bits of an old vinyl record, fragments of the motherboard of what was once the world's fastest computer, a piece of a sock, a part of an octopus trap, tiny words eviscerated from their original literary context. It was satisfying to see what a salad we had made from all this stuff – emotions, inventions, commitments made, moments remembered, failures and successes – all mingled and given equal importance within this strange, membranous memory-mummification device.

We made a little circle of chairs to define the space where people would bring their offerings. You could reduce your own memento to pulp or pulverize someone else's. It was a wonderful communal activity: everyone was busy doing things with his or her hands, but the work was simple enough to allow one to talk to the others and see who they were and what they were up to. The destruction of all these objects felt so much like creating something. Simple objects were being reduced to a kind of essence – material being transformed into something metaphoric and intangible. It felt like a kind of alchemy – a making of something from nothing – as well as a ritual for cathartically flushing out old personal detritus and offering it up to become fodder for the collective subconscious.

Consider the two definitions of the word "ruminate": "to regurgitate partially digested food and chew it again" (which is how cows process fodder); and "to think carefully and at length about something." And "fodder" is not only that which is ruminated by cows, but it is also: "people, ideas or images that are useful in stimulating a creative or critical response", such as "fodder for thought"... (something to ruminate on).

De la Valeur

On Value

Dans notre culture, le prix de l'art fait sa valeur. L'œuvre d'art n'a de cours que si le milieu artistique et le public lui reconnaissent de la valeur.

In our culture, the monetary price of art is its value. Artwork only has currency in as much as it is deemed valuable by the larger art world and art public.

Être (ne pas être)
un artiste reconnu

MIMI / Je me définis beaucoup moins que Doug comme une artiste. Ce n'est pas une chose à laquelle j'aspire. C'est une notion qui m'est apparue pendant ce travail. Je veux que notre travail soit sérieusement pris en compte, comme une expression artistique, mais je n'éprouve pas le besoin de me considérer comme une artiste au sens général. J'ai des difficultés à me définir en tant que "chose". Alors que j'étais banquier, je n'aimais pas, non plus, être cataloguée comme banquier. Mon problème est peut-être de trouver un mot permettant de m'identifier en tant qu'être et dans une carrière.

La notion de gagner sa vie en tant qu'artiste est compliquée, et particulièrement compliquée pour moi et pour Doug, car je n'ai pas besoin de gagner ma vie en tant qu'artiste, l'ayant bien gagnée alors que j'étais dans la finance. Doug n'est pas dans ce cas de figure. Il doit gagner sa vie et cela lui fait honneur, il a toujours gagné sa vie en tant qu'artiste. Il n'est pas quelqu'un capable de compartimenter sa vie en un travail alimentaire d'un côté et la pratique de son art de l'autre.

Le principe de notre collaboration est que j'ai déboursé des sommes initiales pour financer nos performances qui furent considérables et j'ai fait cadeau de mon travail. Doug a aussi offert son travail, ce qui est précieux à plusieurs titres, particulièrement car c'est du temps pendant lequel il ne gagne pas sa vie, cela a donc une valeur numéraire.

Si j'ai été un mécène pour Doug, Doug a également été un mécène pour moi.

Il a reconnu que j'étais une artiste, que j'avais une capacité créatrice. Cette reconnaissance mutuelle de ce que peut être un mécénat a créé un espace créatif dans lequel nos projets ont pu se réaliser. Ensemble, nous sommes arrivés à un stade où j'ai confiance en mon travail. Je ne sais pas si j'aurais eu cette confiance artistique dans d'autres domaines.

Bien que je sois réticente à me voir comme une artiste, je pense souvent que la cuisine est comme la peinture : on part de matériaux bruts et d'une idée ou d'un sentiment que l'on veut transmettre. Puis on soumet ces matériaux à une série de techniques différentes. Tandis qu'on avance, on se demande si ce sont les meilleurs moyens de faire passer cette idée ; ou alors on peut se laisser porter, faisant confiance à une sorte d'intuition. On pense à un oignon de la même façon qu'un peintre pense à la peinture. Va-t-on l'émincer finement ou le hacher grossièrement ? Le fera-t-on revenir rapidement dans l'huile d'olive ou le laissera-t-on doucement caraméliser dans du beurre ? Cela dépend du goût et de la texture que l'on recherche. Au final, la peinture ou un mets mélangent toutes ces décisions en quelque chose qui représente plus que la somme de ces éléments, plus qu'une série de coups de pinceau sur une toile ou des légumes émincés dans une sauce.

Peut-être que la personne avec qui on partage cela le comprendra ou peut-être pas. Mais le fait de cuisiner ou de peindre un tableau est aussi agréable que d'y prendre part.

J'ai toujours aimé cuisiner. Je tire un énorme plaisir de l'activité tout entière : à la fois l'ennui et l'action, l'odeur et le goût, et l'implication de mes mains. Après avoir travaillé de façon si intense dans le milieu de la finance, j'ai compris que, si je me privais trop longtemps de cette forme de travail, je ne me sentais pas heureuse. Je ne pense pas m'en être rendu compte jusqu'à ce que je commence à travailler avec Doug. Il a toujours su cela et l'a su bien longtemps avant moi.

DOUG / J'ai grandi en étant fasciné par la façon dont les choses sont faites et curieux de savoir si je pourrais les faire moi aussi. Jusqu'à ce que j'ai une vingtaine d'années, je ne savais pas vraiment ce qu'était un artiste et je ne savais pas comment je pouvais en devenir un, jusqu'à ce que je réalise que j'avais toujours été ce qu'est un artiste quand j'eus une bonne trentaine d'années.

Je n'étais pas très sûr de ce que l'art était supposé faire, quelle était sa fonction ; je n'étais donc pas très sûr que ce que je faisais était du domaine de l'art ou s'il s'agissait de quelque chose d'autre, comme du design ou de l'innovation. Bien sûr, toutes ces choses sont liées mais il y a une différence dans l'intention quand on fait quelque chose dans le dessein que ce soit de l'art. Un jour, on peut faire du pain pour se nourrir, un autre jour, on peut en faire qui soit de l'art. On peut faire du pain en tant que designer, créateur ou scientifique. Cela peut être le même pain, mais il a été fait dans une perspective différente,

Billets en sauce tomate et boulettes de viande en pépite dorée / *Currency in red sauce with gilded meatballs*

tout comme il peut faire appel à un public hétérogène dont les attentes et les paramètres d'appréciation peuvent être variés. Cela peut fonctionner en tant qu'art mais pas en tant que nourriture et vice versa.

Quelque temps après la fac et avant de commencer nos expériences orphiques, mon frère Chris et moi avons créé une société dénommée *Titanic Events* (destinée à couler, comme son nom l'indique). J'ai également un peu gagné ma vie en faisant des imitations de Julia Child pour des manifestations culinaires. Quand la chance nous lâchait et qu'on ne pouvait pas payer le loyer, on programmait un *rent event* comme cela se faisait avant à Harlem : les amis donnaient des dîners pour aider à lever les fonds nécessaires à la survie d'un artiste pendant un mois. On construisit une grande table qui vola au plafond mais pas avant que les amuse-bouches aient disparu. Une harpiste nous accompagnait. Après avoir lu un menu pompeusement compliqué, on envoyait de la fumée à l'aide d'une machine pla-

Pépite de boulettes de viande / *Gilded meatballs*

cée dans la cuisine, expliquant que le chef avait tout fait brûler. Puis on servait des pizzas. Tout était fait pour que leurs attentes soient anéanties. C'était également un avant-goût de nos *Orphic Feasts*. Ce fut un succès artistique, même si cela nous coûta plus que ce que cela nous avait rapporté.

Dans notre culture, le prix de l'art fait sa valeur. L'œuvre d'art n'a de cours que si le milieu artistique et le public lui reconnaissent de la valeur.

Il existe un juste milieu entre la recherche d'une indemnité pour son travail et le fait de faire abstraction de toute évaluation artistique jusqu'à ce que ce travail soit assez abouti pour être présenté.

Il est très difficile de parler de la valeur de l'art, de trouver les bons mots pour décrire pourquoi l'art a la valeur qu'il a. On dit "cela enrichit nos vies", mais qu'est-ce que cela signifie vraiment ? C'est presque comme si l'art de valeur (par exemple, les investissements) avait plus de sens pour nous que la valeur de l'art. Mais l'art a de la valeur dans nos vies comme une sorte de subtile nécessité.

Il y a la valeur de l'art en tant qu'objet fabriqué et la valeur de l'art en tant que procédé. Le monde artistique crée de la valeur pour des objets artistiques en engendrant un environnement conçu pour intensifier leur impact. Isoler un objet dans une pièce spécifique parfaitement blanche surveillée par de bien nommés gardiens accentue l'importance de l'objet. Il gagne une portée symbolique. Quand on réfléchit à tel objet dans tel endroit, cela accroît nos attentes : serons-nous capables

Vanité, installation pour *A Taste of Money* / Vanitas, *installation for* A Taste of Money

de les interpréter? On choisit de comprendre ou de ne pas comprendre. Cela peut être un bon moyen pour mieux apprécier le monde quotidien qui nous entoure en dehors de la pièce parfaitement blanche et convenue.

Mais l'art comme procédé a une utilité d'un genre différent. Il peut être hystérique et stimulant, bordélique et libérateur. Il peut être méditatif, incitant à la prière, thérapeutique, reconstituant et même cathartique. Ce contexte dans lequel l'art a de la valeur en tant que procédé est très différent du contexte qui exalte la valeur de l'objet. Aux temps anciens, la cuisine était séparée de la salle à manger, personne ne voulait voir la nourriture en train d'être préparée. Aujourd'hui tout le monde adore traîner dans la cuisine. Peut-être que la valeur de la cuisine en tant que procédé a augmenté.

L'art, en tant que procédé, a pour utilité inhérente et pour fonction de nourrir l'âme. Il semble que nous ayons oublié dans notre culture combien le simple fait de créer des choses est essentiel pour nous, humains. C'est une envie irrépressible de donner forme à l'esprit de la vie, un désir de symboliser le sacré avec des métaphores significatives.

Il y a aussi la valeur de l'art en tant qu'expérience. Même si on ne peut pas acheter les tableaux d'un musée, l'art dont ils sont faits est quelque chose que l'on peut mystérieusement emporter avec soi. On peut en consommer l'image avec ses yeux et son esprit, et cela devient astucieusement une part de soi. On peut se référer à des images qu'on a digérées des années après les avoir consommées. L'art pour l'art est essentiel mais clairement coûteux. S'engager dans l'art nous transforme en quelque sorte. La nourriture nous change également, elle nous emplit, nous alimente. C'est pour tout cela que la nourriture peut être une métaphore précieuse pour la façon dont l'art fonctionne en nous. On dit "tu es ce que tu manges" pour se souvenir que ce l'on choisit d'ingérer a de l'importance. La même chose est vraie pour ce qu'on apporte à notre être, par la vue, l'ouïe, le toucher et le goût. Ces choses sont ce que notre "être" est.

 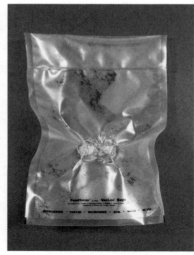

L'art en tant qu'expérience requiert confiance, de la même façon que se nourrir. Il faut avoir confiance en celui qui nous l'offre et cela peut s'avérer difficile. Les porteurs d'art et de nourriture doivent gagner cette confiance. L'art en tant qu'expérience vient à nous sous la forme d'un cadeau à partager, ce qui rend étrange le fait de l'échanger contre d'autres monnaies.

A Taste of Money[41]

M/ C'est fascinant de voir comme la valeur s'accumule dans les objets artistiques et autres objets matériels. Les gens paieront une somme extraordinaire pour une bouteille de vin parce qu'elle est supposée contenir un bon cru. C'est le meilleur exemple de la volonté de payer pour un espoir, parce que le vin c'est de l'espoir en bouteille. Bien sûr, il faudra décider si et quand vous voulez échanger cette valeur contre l'expérience de boire votre vin. Vous ne pourrez pas trop attendre car votre vin n'aura plus de valeur ni en tant qu'objet collectionné ni en tant qu'objet à boire. Mais une fois bu, il aura perdu sa valeur marchande.

D'une autre façon, l'art semble être devenu plus intéressant quand il n'est pas une marchandise sur les marchés. Pour exemple, quand l'économie japonaise était en plein marasme, les gens ne faisaient plus de folies en achetant un Van Gogh ou un Monet comme ils le faisaient en haut de la bulle. Au lieu de cela, les gens semblaient plus intéressés par les idées et par les idées sur l'art. Il se passait alors beaucoup de choses dans l'art contemporain à Tokyo, et surtout au niveau conceptuel, ce que je trouve encourageant.

On réalisa quelques projets qui ont soulevé des questions en particulier sur la valeur de l'art et la valeur de l'argent lui-même. L'ironie est que, lorsque je travaillais dans la finance, je créais des produits financiers qui aidaient les gens à reconnaître la valeur d'un bien non perçue de prime abord.

On conçut *A Taste of Money* pour coïncider avec le sommet de Davos qui se tenait à New York en hommage à la ville après le 11 Septembre.

Doug et moi avions lu des critiques sur la conférence : les représentants des nations les plus riches et des rock stars réunis pour discuter du problème des pauvres… De vraies solutions allaient-elles en sortir ou était-ce juste une immense réunion de réseautage avec un infime objectif idéaliste ? Il y avait une sorte de "noblesse oblige" derrière cela.

Alors il nous vint l'idée d'imprimer des billets de cent dollars sur des pâtes et de les servir dans un bouillon de poulet infusé avec du gingembre, de la citronnelle et des piments, pour exprimer le fait que les pays pauvres n'avaient aucune voix au chapitre et aussi contrebalancer le côté fade des nouilles/billets.

On avait déjà développé le concept d'impression sur des pâtes dans le cadre d'un article pour le *New York Times* : on avait invité les gens à nous soumettre des mots qu'ils voulaient manger. C'est toute une technique qui prend beaucoup de temps, mais on réussit à faire des billets de cent dollars qui conservaient l'imprimé même après avoir été bouillis.

Chiyono fit un genre de boulettes de porc japonaises avec de l'oignon haché et y dissimula un bonbon *Jelly Belly* en guise de surprise. Puis, elle enveloppa de papier de riz les boulettes et les recouvrit enfin à la feuille d'or à l'aide d'une pince à épiler. On avait quarante-cinq boulettes de viande dorées qui ressemblaient à des pépites d'or, l'incarnation même du luxe et de la décadence.

On plaça un samovar sur une table ronde, avec, sur un plat à cake surélevé, les boulettes de viande empilées comme des truffes dorées. Les dollars débordaient d'un plat sur la table. Un crâne en plâtre placé dans un coin finissait de donner à l'ensemble une aura de nature morte, de vanité faisant référence à la nature éphémère de l'argent et des riches dans ce monde temporel.

Offrir aux gens *A Taste of Money* fut particulier – je trouvai que cela avait quelque chose de grossier même si tout ce que nous servions n'était que de la nourriture basique. Il n'y avait rien d'inhabituel en termes de goût. En fait, il ne s'agissait que d'un bouillon de poule avec des nouilles et des boulettes de viande mais nous devions le servir et le proposer aux gens en tant que *goût de l'argent*.

Ce fut intéressant de voir comment les gens réagirent : avez-vous trouvé bon le goût de l'argent ? L'auriez-vous refusé ? Cela veut-il dire que vous n'avez pas besoin d'argent ? Cela vous met-il mal à l'aise de prendre du plaisir à l'idée de goûter de l'argent ? Diriez-vous que les riches ont bon goût ou mauvais goût ? ou encore, l'idée de goûter de l'argent était-elle sans goût ?

D/ Alors que notre objectif initial était d'organiser des festins parce que cela représentait un défi et que c'était marrant, le fait que certaines personnes considèrent notre travail comme n'étant qu'un jeu avec la nourriture nous a déçus. Le truc bizarre à propos du jeu avec la nourriture tient, bien évidemment, à la fonction inhérente de celle-ci – une nécessité divine, pourrait-on dire – de nourrir son corps. Tout ce qui vient pervertir cette fonction primaire devient moralement douteux. Utiliser la nourriture à des fins différentes de la simple fonction nourricière peut suggérer un certain dédain envers ceux qui ont à peine de quoi manger.

Curieusement, sortir la nourriture de son contexte de moyen de subsistance peut aider à nous rappeler que nous faisons tous face au même dilemme. Le sentiment de décadence que notre travail peut évoquer reflète un profond sentiment de luxe et de gaspillage qui existe déjà dans la culture. Notre travail en constitue simplement un rappel gênant. Il est important pour nous que les festins que nous organisons soient toujours mangés.

Orphic Memory Sausages, que l'on réalisa au Portugal, était le premier de nos événements à utiliser l'imagerie et le processus de nourriture mais qui en fait ne consistait pas en un repas comestible, bien qu'il y eût un lien évident entre faire de la nourriture qui ressemble à quelque chose qui peut se manger et faire quelque chose qui ressemble à de la nourriture mais qui ne peut être mangé. Un jour, Marcel Broodthaers fit bouillir le bouquin d'histoire de l'art qu'il était obligé d'enseigner, le réduisant en une essence qu'il pouvait ensuite vaporiser sur ses étudiants.

Dans le passé, la subversion perçue dans le fait de jouer avec de la nourriture pour exprimer nos objectifs amena de nombreux commentaires sur la décadence de notre travail. Nous n'avons jamais considéré notre travail comme décadent, bien que parfois il traite de la décadence – la décadence reflétant la folie de notre société de consommation actuelle.

$10,000 Painting [42]

M/ On continua notre exploration de l'art et de sa valeur quand une galerie de Tribeca nous demanda de participer à une exposi-tion sur l'avidité. On décida de fabriquer beaucoup de billets de cent dollars, de les incruster dans de la paraffine puis de les encadrer dans un style baroque.

On réalisa *$10,000 Painting* avec cent billets en pâtes de cent dollars. L'idée était que le tableau continuerait d'être comestible, les billets étant conservés dans une cire à base de pâtes et de paraffine (qui fond très facilement quand on la chauffe). Si on était désespérément affamé et que l'on avait une casserole d'eau, un réchaud à gaz et un pot de sauce tomate, on pouvait transformer ce morceau d'art inutile en quelque chose d'utile comme la nourriture. On installa une station de transformation d'art en nourriture pour cuire le tableau. On jouait avec la notion de fonction de l'art : vous pouviez dépenser dix mille dollars pour une expérience artistique et obtenir quelque chose qui pouvait nourrir aussi bien votre corps que votre âme.

Les pâtes/billets provoquèrent de nombreux débats sur la valeur. Quand on avait fait *Good Taste in Art* à Tokyo, IDEE avait insisté pour qu'on fasse payer le repas. On voulait que les tableaux soient moins coûteux qu'un travail artistique, mais qu'ils restent en adéquation avec le prix d'un bon dîner. La galerie réduisit le coût à celui d'un plat de pâtes ordinaires. C'était une différence subtile mais significative. Je me rappelle que cela m'avait particulièrement irritée. J'étais prête à m'en aller si nous ne pouvions obtenir ce sur quoi j'avais insisté. On appliqua finalement le prix qu'ils avaient décidé pour nous. Nous étions trop engagés dans le projet ; il devenait ridicule d'annuler. J'en suis contente même si, à l'époque, j'étais très en colère. La compensation et la façon dont nous percevons la valeur ont été des éléments pour lesquels on s'est toujours battus, peut-être est-ce une bataille que tout le monde doit mener dans le milieu artistique.

On découvrit également que le contexte dans lequel notre travail s'inscrit change les notions de valeur des gens. *Edible Still Life in Clay* était facturé au profit de l'Asia Society, et l'on demanda un prix d'entrée élevé. Cela représentait beaucoup d'argent mais ce n'était en aucun cas suffisant pour dédommager notre temps et nos efforts. D'ailleurs, il ne restait presque pas d'argent pour indemniser l'Asia Society.

Parce que c'était un événement tellement inhabituel, l'Asia Society eut beaucoup de mal à vendre les billets. Les gens avaient certaines idées préconçues sur ce que représente une soirée caritative et le type de repas qui lui est associé. On leur fit comprendre que l'on donnait à vivre une expérience artistique. On découvrit que réaliser des choses pour des œuvres caritatives était problématique et faisait que notre travail était mal compris et considéré uniquement comme un moment d'éclate. *Edible Still Life in Clay* était un moment d'éclate. Et les gens s'éclatèrent. Il y avait la liberté de pouvoir casser son plat pour y découvrir une surprise. Il y avait beaucoup de joie et d'humour dans tout cela. Mais dans le cas de *Good Taste in Art*, l'endroit où on servit le repas était plutôt rudimentaire, et quelques personnes qui avaient payé le prix fort (que l'on accepte de payer habituellement pour ce genre de choses) y trouvèrent à redire. Ce fut la dernière fois que l'on réalisa un événement dans un cadre caritatif : cela ne marche pas vraiment pour collecter des fonds et cela change fonda-

mentalement la façon dont notre travail est perçu quand les gens viennent uniquement pour être divertis et bien nourris.

On vécut l'expérience inverse à Prague. Invités par la Quadriennale, nous eûmes carte blanche. C'était merveilleux de se sentir appuyés, d'avoir un producteur régisseur qui s'occupait de tout. Au final, je pense que nous baignions tous dans cette excellente ambiance. Soutenu, chacun était à même d'essayer des idées jamais tentées, libéré du jugement et de l'obsession mercantiliste. C'est très important de se sentir profondément valorisé et apprécié. Je suis reconnaissante que cette sorte de chose perdure. On ne reçoit pas si facilement ce genre d'aide aux États-Unis.

Faire de l'art n'est pas estimé à sa juste valeur dans la société américaine contemporaine. L'Art dans le monde de l'art peut être surévalué mais le procédé ne l'est pas, pas plus que le travail manuel. L'art n'est pas considéré comme une base essentielle dans l'éducation de l'enfant. Puisque j'ai eu des enfants et que j'ai grandi en tant qu'artiste et en âge et en sagesse, j'ai vu la valeur de la pensée quand on est soi-même impliqué dans l'art. J'adore faire appel à l'intuition, à ce sentiment profond qui vous souffle quand bien ressentir une chose et quand elle est belle. Dans ces moments intenses, quand on est au bout de ses forces, quand on a assemblé des choses sous une énorme pression, j'aime me relier et me reposer sur ces valeurs intuitives et j'aime avoir confiance dans le fait qu'elles seront toujours là. Je ne suis pas sûre que c'était quelque chose que je savais de moi quand j'étais en fac, ou en quoi j'aurais cru, ou que j'aurais su cultiver avant. C'est le cadeau reçu de quinze années de vie orphique.

On Being Valued (or not) as an Artist

MIMI/ I have defined myself much less as an artist than Doug does. It's not something I ever aspired to. It's something I fell into through this work. I want the work to be taken seriously as an artistic expression, but I don't need to define myself as an artist in the grander sense.

I have difficulty defining myself as any "thing" – I was a banker, but I didn't enjoy being defined as a banker either. So perhaps my problem is in coming up with a word that identifies one's being and one's career.

The notion of making a living as an artist is complicated, and particularly complicated for me and for Doug, because I don't have to make a living as an artist. I do not have to make a living per se, having worked very hard in banking at a time when one was paid very well. Doug is not in that situation. He has to make a living and to his credit, Doug has always made a living as an artist. He has realized that he is not someone who can divide his life to work at something else and make his art on the side.

The way we have worked together, I have funded the initial out-of-pocket expenses, which have been considerable, and I contribute my labor. Doug contributes his labor, which is valuable for many reasons, and to the extent that it takes away from the time he has to make a living, it's got monetary value.

If I have been a patron to Doug financially, Doug has been a patron of mine, too. He recognized that I was an artist, that I had creative ability. This mutual recognition of what patronage can be has made a creative space within which these projects can happen. Together, we ended up with this particular form of expression that I have confidence working in. I don't know that I would have that artistic confidence in other areas.

Although I'm reluctant to call myself an artist, I often think about how much cooking is like painting. You start off with your raw materials and an idea or a feeling you want to convey. Then you subject that raw material to a series of different techniques. You might ask yourself as you go along if these are the best ways of conveying your idea. Or you might let yourself explore, trusting a kind of intuition. You think about an onion in the same way as a painter thinks about paint: will you slice it thinly, or leave it chunky? Will you heat it quickly in hot olive oil, or slowly caramelize it in butter? It depends on the taste and texture you're looking for. In the end, the painting, or the dish, melds all these decisions into something more than the sum of its parts: more than a collection of brushstrokes on a canvas, or chopped vegetables in a sauce. Perhaps the person you share it with will understand, perhaps not. But the process of cooking the meal, or painting the painting is as enjoyable as partaking of it.

I have always enjoyed the process of cooking – I get great pleasure from the whole activity, both the tedium and the engagement: the smelling and tasting and the engagement of my hands. After working so intensely in banking, where I really did nothing but go to the bank every day, didn't sleep very much, and certainly had no time for anything else, I learned that if I deprived myself of cooking for too long I didn't feel happy. I don't think I recognized that before Doug and I started to work together. He's always known this about himself and known it a lot longer than I have.

DOUG/ I grew up with a fascination about the process of how things are done and a curiosity about whether I could do them too. I never really knew what an artist was until I was in my 20s, and didn't know how I could become one until I realized I had always been whatever it is that an artist is, sometime in my mid-30s. I was never sure what art was supposed to do – what its actual function was, so I never was sure if what I was making was within the realm of art or if it was something else, like design or invention. Of course these things are all related, but there is a difference when you make something with the intention of its being art. One day you can make bread as food and another day you can make it as art. You can make bread as a designer or an inventor or as a scientist. It may all be the same bread, but made with a different emphasis, it might appeal differently to a different audience who may bring different expectations and parameters for appreciation. It may work as art but not as food – or vice versa.

Sometime after college and before starting our Orphic efforts, I made a bit of my living doing Julia Child impersonations for cooking conventions, while my brother Chris and I started a company called Titanic Events (eponymously destined to sink). When we were down on our luck, and couldn't pay the rent, we staged a *rent event* like they used to do in the old days of

Harlem when friends held rent parties to help together the funds necessary to get through the month. We built a long table, which flew into the ceiling, but not before the appetizers had descended. A harpist accompanied. After reading a pretentiously complicated menu, we blasted smoke from a smoke machine in the kitchen, explaining that everything had been tragically burnt by the chef. Then we served pizza. It was all about setting up expectations only to dash them. It was also an early version of what would become Orphic Feasting. It was an artistic success although it cost us more than we earned.

In our culture, the monetary price of art is its value. Artwork only has currency in as much as it is deemed valuable by the larger art world and art public. There is a balancing act between seeking compensation for your work and insulating that work from outside evaluation until it is mature enough to stand on its own.

Talking about the value of art is strangely difficult, to find the right words to describe why art has value. We say "it enriches our lives," but what does that really mean? It's almost as if the art of value (for example: investing) makes more sense to us than the value of art. But art has value in our lives as some sort of subtle necessity.

There is the value of art as artifact and the value of art as process. The art world creates value from objects of art by providing a context designed to amplify their impact. Isolating an object in a perfectly appointed white room guarded by well-appointed attendants elevates the significance of the object, gives it symbolic import. When we reflect on such a thing in such a place, it raises our expectations of ourselves: will we be able to comprehend it? We rise to the challenge (or elect not to). This can be good practice for better appreciating the everyday world outside the perfectly appointed white room.

Art as process has the inherent usefulness and function to feed the soul. As a culture we seem to have forgotten how essential the simple act of creating things is for us humans. We have an unstoppable urge to give form to the intangible spirit of life – a craving to represent the numinous with meaningful metaphors.

There is also the value of art as an experience. Even if you can't buy the paintings in a museum, the art they are made of is something you can mysteriously take away with you. You consume the imagery with your eyes and mind and it cunningly becomes a part of you. You can refer to images you digested years after you consumed them. The "art" in art is intangible, but clearly valuable. Engaging with art changes us somehow. Food also changes us – fills us up – fuels us. So food can be a valuable metaphor for the way art works in us. We say, "You are what you eat," to remind ourselves that what we choose to ingest has importance. The same is true about what we bring to our being by seeing, hearing, touching and smelling. These things are what our "being" is.

Art as experience requires trust, the way it requires trust to be fed – we have to trust the one who offers it up, and that can be difficult. Bearers of both art and food must earn that trust. Art as experience comes to us in the form of a shared gift, which makes it strange to exchange that value for other currencies.

A Taste of Money

M/ It's fascinating how value accrues in art objects – and other physical objects. People will pay a remarkable sum of money for a bottle of wine because it is supposed to be from a good vintage. It's the quintessential example of the willingness to pay for expectation, because wine is expectation in a bottle. Of course, you also have to decide whether and when you are willing to trade that value for the experience of drinking your wine. You can't wait too long or your wine will be worthless, both as something to collect and as something to drink. But once you drink it, the monetary value is gone.

Art, on the other hand, seems to get more interesting when it is not a commodity in the marketplace. For example, when Japan's economy was in the doldrums, people were not making the splashy purchases of Van Goghs or Monets the way they used to during the height of the bubble, when Van Gogh's *Irises* sold for $40 million to a private collector. Instead, people seemed to be more interested in ideas, and ideas about art. There was a lot going on in contemporary art in Tokyo, and quite a bit on the conceptual side, which I find encouraging.

We've done a number of pieces that specifically raise issues of the monetary value of art, and the value of money itself. (The irony is that my work as a banker was in arbitrage and currency swaps, a way of creating value where none existed before.) We did *A Taste of Money* to coincide with the Davos Forum, which had come to New York as a show of international support for the city after 9/11.

Doug and I had been reading about the criticism of the conference: representatives from the world's richest nations – and assorted rock stars – would be gathering to discuss the problems of the poor. Would real solutions come out of this or was it just a huge networking session with little idealistic purpose? There was a sense of noblesse oblige.

In that light we came up with the idea of printing $100 bills on pasta and serving that in some chicken broth, infused with ginger, lemongrass and chili pepper heat, both to be expressive of the poorer countries that were not getting a voice at the forum, and also as a counterpoint to the blandness of the $100 noodles.

We had already developed the technique of printing on pasta for a piece we had done for a *New York Times* article, where we had invited people to submit words that they wanted to eat. The process was very time-consuming, but we were able to make a lot of $100 bills that kept the imprint even after they had been boiled.

Chiyono made a Japanese type of pork ball with a little chopped onion, encasing a Jelly Belly jelly bean as a kind of a surprise, or a favor. Then she took rice paper and wrapped that around the ball, finishing it with a layer of gold leaf, which she put on with a pair of tweezers. We had forty-five gilded meatballs, which looked like little nuggets of gold, the total epitome of luxury and decadence.

We placed a samovar on the round table, with the meatballs on a raised cake platter, mounded like golden truffles. The dollar bills spilled off the dish onto the table. A plaster skull in a corner created a still life, a vanitas, with its reference to the fleeting nature of money and of riches in this temporal world.

I found offering people *A Taste of Money* peculiar and slightly crass, even though all we were serving was basic comfort food. On one level it was just chicken noodle soup with meatballs, with nothing unusual

about the tastes, but we had to serve it as a taste of money and offer people a taste of money.

It was interesting to see how different people reacted – did you relish taking a taste of money? Would you refuse it? Would that imply you didn't need money? Did it make you uncomfortable to look like you were enjoying the idea of having a taste of money? Would you say that riches tasted good, or bad? Or was the idea of eating money tasteless?

D/ We were initially drawn to make feasts because it was so much fun and so challenging and were disappointed to find that other people saw what we were doing as just playing with food. The strange thing about playing with food is, of course, that food has an inherent function – a divine usefulness, you might say – to nourish the body. Anything that appears to pervert this primary function of nourishment becomes morally questionable. Using food for purposes beyond only eating might suggest disdain toward those who barely have enough to eat.

Curiously, taking food beyond the context of sustenance can help remind us that we are all involved in the same dilemma. The perceived subversion of playing with food for expressive purposes has elicited comments that our work is decadent. The feeling of decadence our work evokes may be in how it reflects the profound imbalance that celebrates luxury and wastefulness that already exists in the culture – our work simply becomes an uncomfortable reminder. It is important to us that the feasts we make are always eaten.

The *Orphic Memory Sausages* we made in Portugal was the first Orphic event that used the imagery and process of food but didn't in fact create an edible meal, although there's a clear link between making food-that-looks-like-something-else-but-which-can-actually-be-eaten and making things-that-look-like-food-but-aren't. Marcel Broodthaers once boiled the art-history textbook he was required to use as a university professor, reducing it to an essence he could then spray on his students.

We have never seen our work as decadent, although it sometimes is about decadence – the decadence of our current consumerist madness.

$10,000 Painting

M/ We continued our exploration of art and value when a gallery in Tribeca asked us to participate in a show on Greed. We decided to make a lot of $100 bills, embed them in paraffin, and create a baroque frame for them.

We made *$10,000 Painting* with one hundred $100 pasta bills. The idea was that the painting continued to be edible even though the dollar bills were encased in pasta and paraffin wax (which comes off very easily when you heat it). If you were desperately hungry, and you had a pot of water, a Bunsen burner, and a can of tomato sauce, you could turn that non-functional piece of art into something that had a function as food. We set up an art-into-food transformation station to cook the painting. We were playing with the notion of the function of art: you could spend $10,000 on an art experience and get something that could feed your body as well as your soul.

All our pasta pieces have provoked arguments about value. When we did *Good Taste in Art* in Tokyo, IDEE insisted that we charge for the meal. We wanted the paintings to be cheaper than a work of art but hovering around the edge of a good dinner. They cut it to the price of a very ordinary pasta meal. The difference was subtle but meaningful. I remember being quite irate and ready to walk away if we couldn't get what we insisted on – but in the end we did it at the price that they told us to. We felt we had gone sufficiently down that road and it didn't make sense to cancel – and I'm glad we didn't. Compensation and how we perceive value has been something we've struggled with all along – perhaps that's a struggle that anyone has in the art world.

We've also discovered that the context in which our work appears changes people's notions of its value. When we did the *Edible Still Life in Clay* in New York, it was billed as a benefit for the Asia Society. We charged a high ticket price, but nowhere near enough to compensate for the time and effort. There wasn't really any money left over to contribute to the Asia Society.

Because it was such an unusual event, the Asia Society had a hard time selling tickets. People had certain expectations of a benefit, and the kind of meal that would be associated with it. We felt we were providing an art experience. We discovered that the problem of doing things as benefits was that the work tended to get misunderstood as just being a really fun party. And *Edible Still Life* was a fun event. People had a great time. There was a cathartic freedom in being able to smash your dishes and discover the surprise inside, then throw the shards over your shoulders. There was a lot of joy and a lot of humor. On the other hand, when we did *Good Taste in Art* as a benefit, the space where we served the food was pretty raw space, and some people who had paid the kind of price they paid to come to a benefit objected. The context of a benefit fundamentally changes the way the work is seen when people are simply coming to be entertained and fed well.

We had completely the opposite experience in Prague. When we were invited to the Heart of Prague Quadrennial, a festival of theatre directors and designers, the festival gave us carte blanche. It was wonderful to have an associate producer who took care of things, showed us how to get things, worked with us. By the end, I felt as though we were all bathing in this wonderfully supportive atmosphere that enabled each of us to try out an untried idea – with a freedom from judgment and freedom from the marketplace – to feel deeply valued and appreciated. I'm grateful that that kind of thing still does go on. One doesn't get that kind of state support so easily here in the States.

But art-making in general isn't valued in our contemporary society in the United States. Art from the art world may be overvalued, but the process is not valued at all. Neither is the work that is made by your hands – art and music are the first programs to get cut in schools. They're not seen as a basic part of a child's education. As I've had children, and as I've grown as an artist and grown in age and wisdom, I've seen the value of the kind of thinking that you do when you're involved in art. I love calling on intuition, on that gut feeling when something feels right, or looks beautiful. In those intense moments of exhaustion, when we've been putting things together under tremendous pressure, I have come to rely on those intuitive qualities, and I've come to have confidence that they will be there – I'm not sure that that is something that I knew about myself in college, or would have trusted, or would have known to cultivate before. It's the gift of fifteen years of Orphic life.

Nous y voilà. Presque quinze ans plus tard, nous travaillons toujours ensemble, explorant l'idée de subsistance, de comestibilité, d'éphémère à travers une chose aussi basique et matérielle que la nourriture. On nous traita de secte, on fit l'objet de films et on assista au mariage de deux personnes qui se sont connues à la table de *l'Île flottante*. Qu'aime-t-on dans tout cela : la transcendance, la transformation de quelque chose de matériel en un souvenir. Les gens n'oublient pas une expérience orphique.

So there you have it. Fifteen years later, we're still working together, exploring the ideas of sustenance, edibility, and things ephemeral, through something as material and basic as food. We've been called a cult, been the subject of films, and have attended the wedding of two people who met at a table we built to float down a river. What do we love about it? The transcendence... the transformation of something material into memory. People don't forget an Orphic experience.

Notes

1. Compagnie de théâtre estudiantine de l'université Harvard connue pour ses comédies musicales burlesques interprétées exclusivement par des hommes. *(Chap 1, p. 10)*

2. Traduction : une nuit à servir et à manger la couleur. *(Chap 2, p. 20)*

3. IDEE s'affiche comme le Conran Shop japonais. *(Chap 3, p. 28)*

4. Technique visant à couler des sols décoratifs et utilisant un mélange de granulats de marbre naturel et un liant à base de résine polymère teintée. *(Chap 3, p. 28)*

5. Journal quotidien en anglais distribué au Japon. *(Chap 3, p. 28)*

6. Sablé d'origine écossaise. *(Chap 3, p. 28)*

7. Traduction : fêtes orphiques. *(Chap 4, p. 36)*

8. Petites serviettes mouillées remises au Japon avant le repas pour se laver les mains. *(Chap 4, p. 39)*

9. Marquise de Piolonc et Américaine qui fit découvrir à son amie Mimi le village de Sorde-l'Abbaye. *(Chap 5, p. 46)*

10. Sculpteur et petit frère de Doug. *(Chap 5, p. 46)*

11. Mari de Mimi, bien connu à une époque comme étant Le Grand Gourou... *(Chap 5, p. 46)*

12. Fondateur de *Tom Cat Bakery*. *(Chap 5, p. 50)*

13. Restaurateur de *The Quilted Giraffe*. *(Chap 5, p. 50)*

14. Fromage frais de brebis typique de la région. *(Chap 5, p. 50)*

15. Fils de Mme Benquet *(Chap 5, p. 52)*

16. Sorte de hautbois basque. *(Chap 5, p. 53)*

17. Entonnée sur l'air d'*Alouette, gentille alouette*. *(Chap 5, p. 53)*

18. Traduction : sustentation ; nourriture du corps et de l'âme. *(Chap 5, p. 58)*

19. Chef-cuisinière, auteur et animatrice télé aux États-Unis. *(Chap 6, p. 66)*

20. Célèbre marque de pain de mie blanc aux États-Unis. *(Chap 6, p. 66)*

21. La filleule de Mimi avait 16 ans au moment du festival. *(Chap 6, p. 68)*

22. Les bandes rouges et jaunes font en fait référence au drapeau de l'armée navale japonaise. *(Chap 6, p. 68)*

23. Traduction: tête de pain *(Chap 6, p. 72)*

24. Village où Mimi possède une maison. *(Chap 8, p. 92)*

25. Traduction: sieste en pays de Cocagne. *(Chap 8, p. 96)*

26. Tout le projet de l'*Île Flottante* reposait sur une série de jeux de mots traduits en objets. *(Chap 9, p. 106)*

27. Note de Mimi : "En fait Doug aime les jeux, moi je les tolère..." *(Chap 9, p. 106)*

28. Note de Mimi : "Trois. Quatre, c'est trop pour une omelette d'une personne." *(Chap 9, p. 108)*

29. Réponse de Doug : "Mais ils nous ont demandé d'en apporter quatre pour ceux qui auraient oublié d'en emporter." *(Chap 9, p. 108)*

30. Fête traditionnelle hawaïenne. *(Chap 10, p. 119)*

31. Traduction : cul-cul. *(Chap 10, p. 119)*

32. Traduction : Dîner-transport. *(Chap 11, p. 128)*

33. Littéralement "fête mobile", expression tirée du titre de l'autobiographie d'E. Hemingway. *(Chap 11, p. 128)*

34. Traduction : Élixir reconstituant. *(Chap 11, p. 130)*

35. Assistante de Mimi. *(Chap 11, p. 130)*

36. Grand chef français triplement étoilé installé à New York. *(Chap 12, p. 142)*

37. Traduction : écrire sur le paysage. *(Chap 13, p. 156)*

38. Traduction : saucisses de souvenirs orphiques. NDLR : *Memory Sausages* est un jeu de mots qui exprime également l'idée de mémoire collective. *(Chap 13, p. 156)*

39. Traduction : fourrage orphique. *(Chap 13, p. 158)*

40. *Link* en anglais signifie à la fois lien, chapelet et maillon, il y a donc un jeu de mots anglais à utiliser la polysémie de ce mot. *(Chap 13, p. 162)*

41. Traduction : un goût d'argent. *(Chap 14, p. 174)*

42. Traduction : tableau à dix mille dollars. *(Chap 14, p. 176)*

A NIGHT OF SITTING AND EATING COLOR

DATE : 1996

LIEU : Japon – Tokyo – IDEE Gallery

TEMPS DE PRÉPARATION : 23 semaines

NOMBRE DE COLLABORATEURS : 4

NOMBRE DE PARTICIPANTS : 40

Installation commandée par IDEE Gallery

EDIBLE STILL LIFE IN CLAY

DATE : 1998

LIEU : Japon – Tokyo – IDEE Gallery

TEMPS DE PRÉPARATION : 1 mois

NOMBRE DE COLLABORATEURS : 30

NOMBRE DE PARTICIPANTS : 160

Performance commandée par IDEE
Gallery

BAGUETTE ÉNORME EN GALA

DATE : août 1998

LIEU : France – Sorde-l'Abbaye

TEMPS DE PRÉPARATION : 3 semaines

NOMBRE DE COLLABORATEURS : 20

NOMBRE DE PARTICIPANTS : 250

Événement réalisé avec l'aide du Comité
des fêtes de Sorde-l'Abbaye

BAGUETTE ÉNORME EN GALA #2

DATE : 20 juin 2009

LIEU : France – Saint-Benoît-du-Sault

TEMPS DE PRÉPARATION : 5 mois

NOMBRE DE COLLABORATEURS : 20

NOMBRE DE PARTICIPANTS : environ 300

Commandité par Excentrique,
festival de la région du Centre

HEART OF PRAGUE QUADRENNIAL

DATE : 2002

LIEU : République tchèque – Prague

CONTEXTE : la Quadriennale de Prague

THÈME : Les 5 sens

TEMPS DE PRÉPARATION : 2 semaines

NOMBRE DE COLLABORATEURS : 6

NOMBRE DE PARTICIPANTS : de 300 à 400

Performance commandée
par la Quadriennale de Prague

LAND OF COCKAIGNE

DATE : 2003

LIEU : USA – New York – Green Gallery

Exposition photographique commandée
par la Green Gallery

NAP IN THE LAND OF COCKAIGNE

DATE : 4 juin 2007

LIEU : France – Reims –
Parc de Champagne

NOMBRE DE COLLABORATEURS : 4

NOMBRE DE SIESTEURS : inconnu

Installation commandée
par la ville de Reims

ÎLE FLOTTANTE

DATE : 2000

LIEU : France – Bergouey-Viellenave

TEMPS DE PRÉPARATION : 2 semaines

NOMBRE DE COLLABORATEURS : 25

NOMBRE DE PARTICIPANTS : 40

Performance non commanditée

LUAU BASQUAISE DE BUM-BUM
DATE : 2001
LIEU : France – Guéthary
TEMPS DE PRÉPARATION : 2 semaines
NOMBRE DE COLLABORATEURS : 20
NOMBRE DE PARTICIPANTS : 40
Performance non commanditée

MOVEABLE FEAST
DATE : octobre 2001
LIEU : USA – New York City
TEMPS DE PRÉPARATION : 2 semaines
NOMBRE DE COLLABORATEURS : 4
NOMBRE DE PARTICIPANTS : 200
Installation commanditée
par Alisoun Meehan pour Dining Haul

GOOD TASTE IN ART
DATE : 2000
LIEU : USA – New York –
City Asia Society and Ethan Cohen
Fine Arts Gallery
TEMPS DE PRÉPARATION : 2 semaines
NOMBRE DE COLLABORATEURS : 30
NOMBRE DE PARTICIPANTS : 150
Performance commanditée
par Asia Society

DIGESTED IMAGES
DATE : 2003
LIEU : USA – New York – Green Gallery
TEMPS DE PRÉPARATION : 2 semaines
Exposition commandée
par la Green Gallery

ORPHIC MEMORY SAUSAGES
DATE : été 2006
LIEU : Portugal – Vila Nova de Milfontes
TEMPS DE PRÉPARATION : 1 semaine
NOMBRE DE COLLABORATEURS : 10
NOMBRE DE PARTICIPANTS : une centaine
Performance commanditée par le festival
Escrita na Paisagem

A TASTE OF MONEY
DATE : 2002
LIEU : USA – New York City –
Taste of Art Gallery

$10,000 PAINTING
DATE : 2004
LIEU : USA – New York –
Taste of Art Gallery
Installation commandée
par la Taste of Art Gallery

Remerciements / Thank you

MIMI / Ces festins représentèrent un travail intense et nécessitèrent beaucoup d'aide. Quand on demande à quelqu'un de vous aider, le rapport travail/amusement peut parfois être déséquilibré. On se prit la tête pour savoir comment dédommager les gens qui nous aidèrent et comment leur offrir de la reconnaissance. Les faveurs que nous font les gens et que nous essayons de rendre en retour constituent l'une des monnaies d'échange dans notre travail. On invita des gens à travailler avec le sentiment que, même s'il y avait beaucoup à faire, c'était compensé par l'amusement et par le fait de prendre part à la création d'une expérience inhabituelle, quelque chose qui n'avait jamais été réalisé auparavant.

DOUG / Quand on réalise un projet parce que c'était son idée et que l'on convainc joyeusement tout le monde que l'on connaît que ça va être drôle et que, petit à petit, l'attrait de la nouveauté s'amenuise car les problèmes compliqués n'ont pas toujours de solutions simples, que le travail doit malgré tout être fait parce que des centaines de gens viennent voir ce que l'on a fabriqué – voire parce qu'ils ont donné beaucoup d'argent pour voir ce qu'on a fait même s'ils ne vous connaissent pas, ils attendent beaucoup de vous –, alors quand il est point d'heure, que l'on est vannés, qu'on ne sait plus quel côté de la lame coupe, que vos deux bouts d'index sont brûlés par la colle, que votre esprit ressent différemment la gravité de votre corps, alors à ce moment-là, pour de nombreuses raisons, ce n'est plus si drôle. Mais puisqu'on a commencé tout le projet sous le signe de la rigolade, que peut-on faire pour empêcher la révolte ?

M/ Une nuit que nous travaillions sur les cadres des *pasta painting*, il était trois heures du mat', on n'avait pas dormi depuis soixante-douze heures, Doug me dit : "Mimi, tu tombes debout dormant !" Je me réveillai mais il me fallut cinq minutes pour réaliser que ce qu'il venait de me dire n'avait aucun sens.

D/ Un jour, j'ai réalisé que ce sentiment vraiment désagréable mais que l'on s'inflige devrait s'appeler "profonde rigolade", un état dans le projet destiné à être drôle mais qui en fait est loin de l'être. Ces remerciements s'adressent à tous les gens qui ont autant partagé ces moments de "profonde rigolade" que de franche rigolade avec nous, au cours de ces années.

The feasts have been very labor-intensive and have required a lot of help. When you ask people to help you, the labor-fun ratio can get sometimes a little out of whack. We've struggled with the issue of how to compensate the people who help us, and how to give people proper credit. One of the currencies in our work – we think it is the case in other artistic endeavors too – is the favors people do for you, and you try to do the same in return. We have invited people to work with us, with a sense that while there may be a lot of work to do, it is compensated for by the fun and by being a part of creating an unusual experience, something that has never been done before.

When you are doing a project because it was your idea, and you enthusiastically convinced everyone you knew how fun it would all be, and little by little, the novelty of the whole thing starts to wear thin because complicated problems don't always have simple solutions, yet the work still needs to be done because, after all, hundreds of people are coming to see what your fun has wrought – in fact, they may have paid a lot of money to see what you have done and although they don't know you at all, they have very high expectations – and suddenly it is a million o'clock and you are so tired you don't know which side of the knife is dull and the hot glue has burned the skin off both index fingers and your mind starts to feel the force of gravity very differently than your body – this moment is in many ways actually not so fun. But since you started the whole endeavor under the umbrella of fun, what can you do to prevent mutiny?

Once, when we were putting matte medium on a pasta painting at three o'clock in the morning after seventy-two hours of no sleep, Doug said, "Mimi! You're falling up standing asleep!" I woke up, but it took about five minutes to realize that what he said hadn't made any sense.

One day, I realized this truly unpleasant but utterly self-inflicted feeling should be called "deep fun," a state within the overall structure of a project that is designed to be fun but is no longer actually being fun. These thank-yous go out to the people who have gone the extra mile with us to where those moments of "deep fun" become the foundations of deep bonding – only sweetened by all the genuine fun – over the years.

Remerciements/Thank you

CÉDRIC ABAD

MAJELLA ET BERNARD ALTSCHULER

LAURENCE ASSERAF

BRENDA BARR

MICHEL BENQUET

LE VILLAGE DE BERGOUEY-VIELLENAVE

MATTHEW BERNBACH

GEORGE BEYLERIAN

JEAN BONNET

CHRISTA BOURG

CONSTANTIN BOYM

DEBBIE BRIDGEWATER

AZBY BROWN

JEREMY BUHLER

ELIZABETH BURNS

KATE CAHILL

CASE CALKINS

LISA CAMPBELL

LA FAMILLE CAZAUX

LEE CLAYTON

ETHAN COHEN

LE COMITÉ DES FÊTES DE SORDE-L'ABBAYE

JONATHAN CONNANT

MARY ANNE DAVIS

ALYSON DENNY

EDMUNDO DESNOES

MICHAL DEUS

PETER DINHOFER

JUNE DONENFELD

MELANIE CAMPBELL DRANE

BILL DROKE

AARON EDISON

TOSHIKO ENDO

PIERRE ETCHEVERRY

CLAIRE FAIR

MARC FÉLIX

MARY JANE FINDLEY

CHRISTOPHER FITCH

DAVID FITCH

MAY FITCH

RETA FITCH

ROBERT FITCH

LUCY FUJII

BARBIE FURUKAWA

ARTHUR GANSON

PAUL GATES

TOM GLUCK

KARA GNODDE

RICARDO GREENBERG

JEPH GURECKA

JEANHIE HAHN

MAHMOUD HAMADANI

DORITA HANNAH

PETRA HANZLIK

KAREN HARTMAN

JASON HARVEY

SHANDOR HASSAN

SEAN HEFLIN

JEANNE HEIFETZ

ANNA HENRIQUES

PATRICK HENRY

JOËL HERRON

ANNE HIGONNET

HITOMI HIRAYAMA

FELICIA ROSSHANDLER HIRSCH

GEORGE HO

PHIL HOLLENBECK

STEVE HOLLINGER

ALEX HONNET

CHUCK HONNET

ELLEN PORTER HONNET

FLORYN HONNET

JEANNINE ET MICHEL ICHAS

COLETTE ET NATHALIE ISHIZUKA

BENAT ITOIZ

ALAN JACOBSEN

JONATHAN JUDGE

HEATHER JUNKER

PHOEBE ET LEARAN KAHANOV

ELIZABETH KANZAWA

MELIK KAYLAN

AMANDA KEELEY

ERIN KNIGHT

JOAN KOENIG

DAN KOPP

KEIKO KOYAMA

TORU KOYAMADA

TERUO KUROSAKI

HUBERT LABAT

JACQUES LABAT

SIMONE LABAT

CHRISTELLE LABAT-COMESS

NOEL LABAT-COMESS

GREGG LACHOW

VINCENT LAPEYRE

ISABELLE LARIGNON

GÉRARD LARROQUE

PHOENIX LEE

FIONA LEHN

LAUREN LEON

ÉRIC LESPIAU

ROBBIN LOCKETT

SODJA LOTKER

R. JAY MAGILL

DIANA AND THOMAS MAGUIRE

TANJA MAKA

JUN MAKIHARA

KAZUMA MAKIHARA

TAKUMA MAKIHARA

ANDRÉ MANDION

ASHBELL MCELVEEN

ALISOUN MEEHAN

JOËL MENDIBURU

ZHENYA MERKULOVA

SCOTT MESERVE

MARIE-CHRISTINE MISSÉ

MITSUYO MORI

LUCILLE MORIN

SABRINA MUCE

JOYCE MUNN

CHIYONO MURANO

YU AND TOMOKO OKAWA

EVE OKI

MARK OSHIMA

TOSHIE OTSUKA

MARC PARENT

MYRIAM PEREZ-PETRIARTE

JOAN PLATT

NICK PLATT

GINETTE POMMIERS

MICHEL POMMIERS

LEMI PONIFACIO

MARK RABINOWITZ

LE PERSONNEL DE REPLICATE

CHRISTOPHER REVES

ALICE RANDALL

SOMERS RANDOLPH

CORNELIA RAVENAL

JEAN-BAPTISTE ROBERT

DAVID ROBINSON

VIRGINIE ROLLET

JIM ROSS

LESLIE SAYLOR

TATSUO SAITO

KITAO SAKURAI

DAVID SCHILD

SEBNEM SENYENER

SUSANNE SELCUK

GINES SERRAN-PAGAN

GEOFFREY SHARP

MALCOLM SIMMONS

ROALD SIMONSON

JEREMY SLUTSKIN

MIKAEL SODERSTEN

ANGIE SPENCER

CHRISTOPHE SPOTTI

KRISTOPHER STILLWELL

DEBORAH STEELE

ROB STUPAY

REIKO SUDO

LOUISE SUPERVIE

RACHEL SUSSMAN

JUNKO SUZUKI

YOSHIAKI TAKAO

BETH TAPPER

DODIE THOMAS

COREY TOMASCOFF

ROCKIE TOMASCOFF

YUKO UCHIKAWA

DINA VARANO

CAROLINE VARENNE

NELA WAGMAN

JOHNNIE WALKER

ALYSSUM WIER

CAROLINE WILLIAMS

BARRY WINE

NORIKO YASUDA

STEVEN ZAVAGLI

les **éditions** de l'**épure**

Sabine Bucquet-Grenet

25, rue de la Sablière, 75014 Paris
Tél. : 01 43 21 81 08
www.epure-editions.com

Secrétariat d'édition : Cécile Dufêtre
Traduction : Christine Martin-Combemorel, Isabelle Larignon et Mimi Oka
Conception graphique et réalisation : Nathalie Bauza

ISBN : 978-2-35255-173-7
Prix public : 24 euros
Achevé d'imprimer en février 2011 sur les presses de Art & Caractère